中国古代文史经典读本

# 孙子兵法 选评

黄朴民 撰

上海古籍出版社

**图书在版编目(CIP)数据**

孙子兵法选评 / 黄朴民撰. —上海：上海古籍出
版社，2017.7
（中国古代文史经典读本）
ISBN 978-7-5325-8502-1

Ⅰ.①孙… Ⅱ.①黄… Ⅲ.①兵法—中国—春秋时代
②《孙子兵法》-研究 Ⅳ.①E892.25

中国版本图书馆 CIP 数据核字(2017)第 152568 号

中国古代文史经典读本

**孙子兵法选评**

黄朴民 撰

上海世纪出版股份有限公司
上 海 古 籍 出 版 社 出版

（上海瑞金二路 272 号 邮政编码 200020）

（1）网址：www.guji.com.cn

（2）E-mail：gujil@ guji.com.cn

（3）易文网网址：www.ewen.co

上海世纪出版股份有限公司发行中心发行经销

常熟新骅印刷有限公司印刷

开本 787×1092 1/32 印张 8.625 插页 2 字数 114,000
2017 年 7 月第 1 版 2017 年 7 月第 1 次印刷
印数：1—5,100
ISBN 978-7-5325-8502-1

E·20 定价：22.00 元
如有质量问题，读者可向工厂调换

# 出 版 说 明

　　上海古籍出版社成立六十多年来形成了出版普及读物的优良传统。上一世纪,本社及其前身中华书局上海编辑所策划、历时三十余年陆续出版的《中国古典文学作品选读》与《中国古典文学基本知识》两套丛书各八十种,在当时曾影响深远。不少品种印数达数十万甚至逾百万。不仅今天五六十岁的古典文学研究者回忆起他们的初学历程,会深情地称之为"温馨的乳汁";而且更多的其他行业的人们在涵养气度上,也得其熏陶。然而,人文科学的知识在发展更新,而一个时代又有一个时代的符号系统与表达、接受习惯,因此本世纪初,我社又为读者奉献了一套"新世纪文史哲经典读本",是为先前两套丛书在新世纪的继承与更新。

　　"新世纪文史哲经典读本"凝结了普及读物出版多方面的经验：名家撰作、深入浅出、知识性与可读性并重固然是其基本特点；而文化传统与现代特色的结合，更是她新的关注点。吸纳学界半个世纪以来新的研究成果，从中获得适应新时代读者欣赏习惯的浅切化与社会化的表达；反俗为雅，于易读易懂之中透现出一种高雅的情韵，是其标格所在。

　　"新世纪文史哲经典读本"在结构形式上又集前述两套丛书之长，或将作者与作品（或原著介绍与选篇解析）乳水交融地结合为一体，或按现在的知识框架与阅读习惯进行章节分类，也有的循原书结构撷取相应内容并作诠解，从而使全局与局部相映相辉，高屋建瓴与积沙成塔相互统一。

　　"新世纪文史哲经典读本"更是前述两套丛书的拓展与简约。其范围涵盖文学经典、历史经典与哲学经典，希望用最省净的篇幅，抉示中华文化的本质精神。

　　该套丛书问世以来，已在读者中享有良好的口碑。为了延伸其影响，本社于 2011 年特在其中选取十五种，请相关作者作了修订或增补,重新排版装帧,名之为"中国古代文史经典读本",以飨读者。出版之后,广受读者的好评,并于2015年被评为"首届向全国推荐中华优秀传统文化普及图书"。受此鼓舞,本社续从其中选取若干种予以改版推出,并得到国家有关部门的支持,多种获得2016年普及类古籍整理图书专项资助。希望这套书能继续为广大读者喜欢,为弘扬中华优秀传统文化作出贡献。

上海古籍出版社

2017年6月

# 目　录

# 导　言

　　《孙子兵法》全书十三篇，计五千九百余字（"十一家注"本字数逾六千言），是我国也是世界现存最古老的兵法经典著作，是中华古典军事文化遗产中的璀璨瑰宝，其内容闳博专精，思想富赡深邃，逻辑缜密严谨，文风典雅明洁，面世约两千五百年以来，对中国军事文化不断发展并趋于成熟产生过极其深远的影响，在世界军事学术史上也占有十分突出的地位。

　　学术界通行的看法：《孙子兵法》成书于我国春秋晚期，作者是享有"百世兵家之祖"美誉的孙武。孙武，又尊称为孙子，字长卿，春秋后期齐国人，据后人考证，当为齐国乐安（今山东省惠民县）人，也有其他的说法，如广饶说、博兴说、临淄说等等。他是当时齐国新兴势力代表田氏家族的后裔,自幼受到良好的兵学文化熏陶,成年后因躲避齐国内部的动乱,迁徙隐居于江南地区的吴国。经伍子胥的推荐,他向吴王阖闾进呈兵法十三篇,深得正在一心图霸的吴王的激赏、赞许,被任命为吴国将军,与伍子胥等人一起,辅佐阖闾经国治军,多有建树。《史记·孙子吴起列传》称:"西破强楚,入郢;北威齐晋,显名诸侯,孙子与有力焉。"

当然,真正使孙子跻身于世界性伟人的行列,雄视千古,名扬四海的,乃在于他向历史奉献了一部不朽的兵学巨著——《孙子兵法》。这是一部篇幅很小的作品,但却是一部影响中国文化整整几千年的奇书。它是博大精深的"兵经",更是启益人智的箴言。和《论语》一样,它更能从本质上体现中华传统文化的基本精神,即以切合人事、具体实用的风貌主导中华民族文明体系的构建,反映出浓厚的实用理性与入世旨趣。其文化观念牢牢地植根于农耕文明的沃壤,水银泻地似的渗透于所有人们的日常生活之中,没有过于抽象的义理,没有不可捉摸的玄虚宏旨,总是那么平易亲切,那么贴近现实,"贤者识其大,不贤者识其小",从而最大限度地化深邃为浅显,化复杂为平淡,于是有了无所不在的普及,有了悠久深远的影响。由此可见,《孙子兵法》与《论语》、《周易》、《道德经》一起成为中华传统文化的最主要的四根柱石,反映着中华古典文明的本质特征与价值取向。

更具体地说,《孙子兵法》是孙子伟大军事思想的结晶,作为中华民族的光荣和自豪,它的不朽价值,在于它真正悟透了战争的玄机,揭示了军事斗争的一般内在规律。它对战争问题有着异常清醒的认识,对克敌制胜的奥妙有着超乎常人的理解,对军队建设的要领有着出乎意表的把握,总之,它奠定了古典兵学理论大厦的坚实基石,规范了中国古代军事文化的基本特质及其主导倾向。

在战争问题上,《孙子兵法》提出了以"慎战"、"备战"为核心的"安国全军之道"思想。它对战争持非常慎重的态度,开宗明义即表示:"兵者,国之大事,死生之地,存亡之道,不可不察也。"(《计篇》)坚决反对在战争问题上轻举妄动、穷兵黩武，强调"主不可以怒而兴师，将不可以愠而致战"（《火攻篇》）。是否用兵，怎样用兵，都必须依据利益的有无或大小为抉择，做到"非利不动，非得不用，非危不战"（同上），"合于利而动，不合于利而止"（《九地篇》）。同时承认战争客观存在的现实，不放弃以必要的战争来实现一定战略目标的选择，要求加强战备，立足于有备无患，不打无把握之仗，不战则已，战则必胜："无恃其不来，恃吾有以待也；无恃其不攻，恃吾有所不可攻也。"（《九变篇》）认为唯有"慎战"与"备战"并重，方可"安国全军"，在当时激烈残酷的争霸兼并战争中牢牢立于不败之地。显而易见，《孙子兵法》的战争理念是富有理性科学的精神的，既与儒、道学派的"德化万能论"、"战争罪恶论"划清了界限，又和商鞅等法家一味鼓吹战争、推崇战争万能的理论拉开了距离。

关于战略，《孙子兵法》推崇"不战而屈人之兵"（《谋攻篇》）的全胜战略，将"屈人之兵而非战也，拔人之城而非攻也，毁人之国而非久也"（同上）视为用兵打仗的最理想境界。为此,《孙子兵法》主张在战略谋划上做到胜敌一筹,"多算胜,少算不胜"(《计篇》)。这就是强调"知彼知己"、"知天知地",系统全面考察战争的主客观因素及其相互关系,据此提出了著名的"五事""七计"理论,"主孰有道? 将孰有能? 天地孰得? 法令孰行? 兵众孰强? 士卒孰练? 赏罚孰明?"(同上)在力量对比上争取拥有强大的优势,"地生度,度生量,量生数,数生称,称生胜"(《形篇》)。即千方百计加强军事实力的建设,造就"胜兵若以镒(古计量单位,二十四两为一镒)称铢(古计量单位,二十四铢为一两)"、"胜于易胜"(同上)的有利态势。在战争准备上做到积极稳妥,周密细致,使自己处处主动,使敌人无隙可乘,即"先为不可胜,以待敌之可胜"、"胜兵先胜而后求战"、"立于不败之地,而不失敌之败也"(同上)。在具体实行方式上,重视"伐谋"、"伐交","上兵伐谋,其次伐交"(《谋攻篇》),即通过谋略角逐制服敌人,通过军事威慑使敌人屈从,从而"必以全争于天下"、"兵不顿而利可全"(同上)。在作战行动上强调主动进攻,突然袭击,纵深突入,速战速决,即提倡"兵贵胜,不贵久"(《作战篇》),"并敌一向,千里杀将"(《九地篇》),从而在最短的时间里,迅速瘫痪敌方的战争机器,摧毁敌人的一切抵抗,以最小的代价夺取最大的胜利。

《孙子兵法》的作战指导思想是全书中最具特色、最富价值的内容,也是孙子兵学理论的精髓之所在。它是对"以礼为固,以仁为胜"(《司马法·天子之义》)旧"军礼"传统的彻底否定,明确提出了"兵以诈立,以利动,以分合为变"(《军争篇》)崭新的作战指导新理念。在"兵者诡道"这一基本原则的指导下,《孙子兵法》在作战指导方面提出了一系列精辟、卓越的见解。例如,主张积极争取作战的主动权,"致人而不致于人"(《虚实篇》);"故我欲战,敌虽高垒深沟,不得不与我战者,攻其所必救也;我不欲战,画地而守之,敌不得与我战者,乖其所之也"(同上)。强调集中优势兵力,实施进攻性作战,"我专为一,敌分为十,是以十攻其一也"(同上);"凡为客之道,深入则专,主人不克"(《九地篇》)。提倡正确选择作战方向,"出其所不趋,趋其所不意"

（《虚实篇》）；做到"避实而击虚"（同上）。主张军事欺骗，示形动敌，制造各种假象迷惑算计敌人，诱使其自投罗网，自取败亡，"能而示之不能，用而示之不用；近而示之远，远而示之近"（《计篇》），"形人而我无形"，"形兵之极，至于无形"（《虚实篇》）。要求做到灵活机动、因敌制胜，即所谓"践墨随敌，以决战事"（《九地篇》）；"水因地而制流，兵因敌而制胜。故兵无常势，水无常形，能因敌变化而取胜者，谓之神"（《虚实篇》）。在战法运用上，努力贯彻"以正合，以奇胜"（《势篇》）的原则，奇正相生，奇正相变，主动灵活，出奇制胜，稳操胜券，"战势不过奇正，奇正之变，不可胜穷也"（同上）。提倡察知天候地理，巧妙利用地形，"知天知地，胜乃不穷"（《地形篇》）；"夫地形者，兵之助也，料敌制胜，计险阨远近，上将之道也"（同上）。凡此种种，均突出反映了《孙子兵法》作战指导的杰出智慧。它所提出的许多兵学范畴，诸如奇正、虚实、攻守、主客、形势、迂直、刚柔等等，均成为后世兵家构筑其兵学体系的思想来源和理论指导。

　　《孙子兵法》的治军思想同样丰富深刻、享誉古今。

它提倡"令之以文,齐之以武"(《行军篇》)的治军原则,主张明法审令,恩威兼施,刑赏并用,爱民恤卒,善待俘虏,重视将帅队伍的建设,强调将帅不该受后方中枢君主的掣肘,而应拥有战场临机决断的指挥权限,"将能而君不御者胜"(《谋攻篇》)、"君命有所不受"(《九变篇》)。重视加强对士卒的训练和管理,"视卒如婴儿,故可与之赴深谿;视卒如爱子,故可与之俱死。厚而不能使,爱而不能令,乱而不能治,譬若骄子,不可用也"(《地形篇》)。主张统一号令,严格纪律,令行禁止,"夫金鼓旌旗者,所以一人之耳目也。人既专一,则勇者不得独进,怯者不得独退,此用众之法也"(《军争篇》)。所有这一切,均为后世兵书《吴子》、《六韬》、《尉缭子》、《唐太宗李卫公问对》等所借鉴和发挥,成为古代社会军队建设的坚实理论基础。

《孙子兵法》问世后,对中国古代军事学术的成熟和发展产生了巨大而深远的影响,历代兵学家、军事家无不从中汲取养料,运用它的基本原理来达到克敌制胜的目的。孙子本人也由此而被誉为"兵学鼻祖"。"吾观兵书战策多矣,孙武所著深矣"(曹操《孙子注·序》);"观诸兵书,无出孙武"(《唐太宗李卫公问对》卷中);"前孙子者,孙子不遗;后孙子者,不能遗孙子"(茅元仪《武备志·兵诀评序》);"七书之中,惟《孙子》纯粹,书仅十三篇,而用兵之法悉备"(《投笔肤谈》)云云;均乃是人们对《孙子兵法》一书重大价值与历史地位的普遍认同。正是由于这个原因,北宋神宗元丰年间将《孙子兵法》列为官修的《武经七书》之首,颁行于武学,教授诸将校。这一情况一直沿袭至明、清而不变。例如清代"武试默经",依然是"不出《孙》、《吴》二种"(《武经七书汇解·吴子汇解序》)。与此同时,历代兵家也纷纷为《孙子兵法》作注,据不完全统计,注者多达二百余家,其中传世的也有六七十家。这中间比较著名的,魏晋南北朝以前的有曹操、孟氏,在隋唐有李筌、杜佑、杜牧、贾林等,在宋代有张预、梅尧臣、王皙、陈皞、何延锡、郑友贤、施子美等,在明代有赵本学、李贽、刘寅、王世贞、茅元仪、黄献臣等,在清代则有邓廷罗、顾福棠、黄巩、朱墉等,可谓是名家辈出,蔚为大观。

第一个德译本《孙子兵法》内封及附图
(1910 年出版于柏林，现藏瑞士联邦军事图书馆)

　　真正优秀的文化遗产是属于全人类的,《孙子兵法》就是这种性质的宝贵遗产。它的影响也早已越出国界,而成为世界人民的共同精神财富。早在公元八世纪唐代玄宗在位期间,日本遣唐学生吉备真备就将《孙子兵法》携带到日本,并亲自进行讲解。到德川家纲时期(公元十七世纪),日本有了《孙子兵法》的日译本,从而有力地推动了《孙子兵法》的普及与研究。《孙子兵法》的西传,最早是在公元1772年,当时法国神父约瑟夫·阿米欧翻译出版了法文版《中国军事艺术》丛书,其中就收录有《孙子兵法》。公元1905年,英国人卡托普的《孙子》英译本在日本东京出版。1910年,英国著名汉学家贾尔斯《孙子兵法——世界最古之兵书》英译本在伦敦出版。同年,布鲁诺·纳瓦拉《中国的武经》德译本在柏林出版。自此之后,《孙子兵法》在世界各地被译成外文的,有英、日、俄、法、德、意、捷、西班牙、荷兰、希腊、罗马尼亚、阿拉伯、希伯来、泰、缅、越南、朝鲜、马来西亚等二十余种之多。对它的肯定和赞誉也是层出不穷,不可胜数,如日本学者尾川敬二称孙子为"兵圣"，"东方兵学的鼻祖，武经的冠冕"（《孙子论讲·自序》）；福本椿水称孙子是"兵家之神"（《孙子训注·自序》）；美国战略学家，《大战略》一书作者约翰·柯林斯说："孙子是古代第一个形成战略思想的伟大人物。"英国战略学家，《战略论》一书作者利德尔·哈特指出："《孙子兵法》是世上最早的兵法著作，但其内容之全面与理解之深刻，迄今还无人超过。"这些情况表明，《孙子兵法》得到世界范围内的广泛流传，受到各国人士的普遍推崇。这是孙子本人的光荣，也是整个中华民族的骄傲。

《孙子兵法》的影响也已超越单纯的军事领域，而深入到政治、外交、企业经营、体育竞技等社会生活的各个方面，为人们从事非军事领域的社会实践活动提供了有益的启示和借鉴。这是因为实事求是、关照全局、预测发展、掌握情况、权衡利害、判断得失、辩证分析、主动积极、扬长避短等等，始终是人们在从事各项工作时所必须遵循的认识路线和指导原则。特别是在外交、经济、体育这些竞争激烈、变化迅捷的社会领域，尤其需要当事者寻找主客观结合的契机,从实际出发,发挥主观能动性,在复杂多变的环境中应变自如,游刃有余,稳操胜券,有所建树。在这种情况下,《孙子兵法》总揽全局、综合比较、求实超前的战略运筹理论和辩证能动、因利制权、灵活机动的作战指导思想就可以被引入这些社会领域,对其实践活动产生影响,给人们以思想方法上的极大启迪。正是在这个意义上,近年来《孙子兵法》在企业管理、商业经营、体育竞技等领域大显身手,所谓的"孙子热"方兴未艾、场面火爆,这可以看作是《孙子兵法》在当今社会生活中宝贵价值的又一种具体体现。

据现存文献资料记载,《孙子兵法》一书的记载最早见于司马迁《史记》。《史记·孙子吴起列传》记阖庐对孙武说:"子之十三篇,吾尽观之矣。"传末太史公又说:"世俗所称师旅,皆道孙子十三篇。"可见当时称此书为"十三篇"。此后,历代对其书均有著录。

西汉时期是《孙子兵法》正式见于著录的重要开端,也是其书基本定型和广为流传的关键阶段。当时朝廷对兵书进行了三次大规模的搜集和校理工作。第一次是汉初"张良、韩信序次兵法,凡百八十二家,删取要用,定著三十五家"(《汉书·艺文志》)。第二次是在汉武帝时,"军政杨仆捃摭遗逸,纪奏兵录"(同上)。第三次是在汉成帝时,"光禄大夫刘向校经传诸子诗赋,步兵校尉任宏校兵书,太史令尹咸校数术,侍医李柱国校方技。每一书已,向辄条其篇目,撮其指意,录而奏之"(同上)。在这三次兵书整理过程中,均包括了最重要的《孙子兵法》一书。尤其是第三次,它对于传世本《孙子兵法》篇名、篇次的排定,内容的厘正,文字的校订,具有重要的意义。这次校书之事,由刘向总其成,他曾为整理校订后的图书作叙录,附于其书之中,上奏皇帝。后由其子刘歆汇录成书,名为《别录》。"别录"的重要内容之一,就是著录书名和篇题。根据这一性质,我们可以推断"别录"是古代目录书中著录《孙子兵法》的第一部。刘向卒后,刘歆继承父业,"总括群书,撮其指要,著为《七略》"(《隋书·经籍志》)。《七略》中有《兵书略》,也当著录有《孙子兵法》其书。总之,经过刘向、任宏校书,《孙子兵法》遂形成定本,并由国家所收藏。

《汉书·艺文志》渊源于刘歆《七略》。其对《孙子兵法》有明确的著录:"《吴孙子兵法》八十二篇,图九卷。"称《吴孙子》是为了有别于《齐孙子》(《孙膑兵法》),至于其篇数为何由司马迁所说的"十三篇",增至八十二篇,且附有图卷,原因不外乎有二:一是自刘向到班固百余年间,人们对《孙子兵法》不断增益,使其篇数大大膨胀。二是人们重新编排篇次所致。我们认为,以第一种情况可能性为大。所以三国时期曹操注释《孙子兵法》时,即申明宗旨:"世人未之深亮训说,况文烦富,行于世者失其旨要,故撰为《略解》焉。"(《孙子注·

《平津馆丛书》影印《魏武帝注孙子》

015

序》)这里需要附带指出的是,1996 年西安"发现"的《孙武兵法》82 篇",经过专家学者的考证,认定其抄本"纯系伪造",是"(20 世纪)六十年代,甚至更晚抄写的"。所谓抄自汉简之说,断不可信。

　　曹操的《孙子注》共计三卷十三篇,正与阮孝绪《七录》著录《孙子兵法》三卷相合,这表明曹操是就司马迁所说的《孙子兵法》十三篇作注,至于孙子之佚文和他人所增附的内容则阙而不论。这也从一个侧面证实了"十三篇"才是《孙子兵法》的主体。曹操注《孙子兵法》之后,有《六朝钞本旧注孙子断片》,不知何人注本,日本人香川默识《西域考古图录》曾予收录。

　　《隋书·经籍志三》著录有"《孙子兵法》二卷,吴将孙武撰,魏武帝注,梁三卷","《孙子兵法》一卷,魏武、王凌集解","《孙武兵经》二卷,张子尚注"等,还提到了孟氏、沈友等人的注释解诂。这些情况表明《孙子兵法》一书在唐初已有多种注解本,但从其篇幅来看(少则一卷,多则二卷),当未越出十三篇的范围,或以曹注本为底本使然。

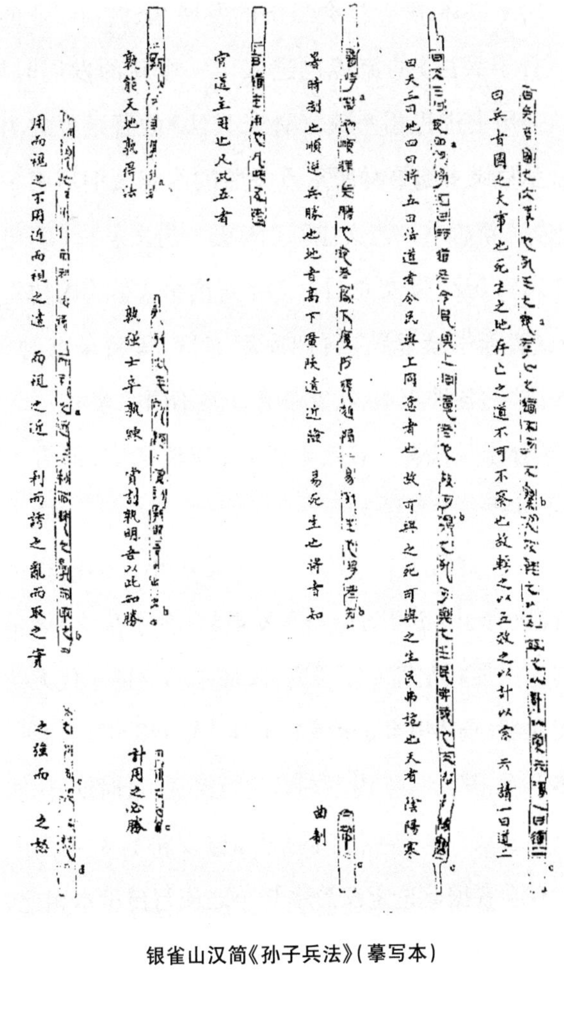


银雀山汉简《孙子兵法》(摹写本)

唐宋以降,随着社会经济的发展、雕板刻印业的进步,《孙子兵法》的流传也进入了一个新的发展时期。与这一历史进程相一致,《孙子兵法》的著录也成为各类公私目录书编纂时所重点关照的内容,《旧唐书·经籍志》、《新唐书·艺文志》、《宋史·艺文志》、《明史·艺文志》以及《崇文总目》、《郡斋读书志》、《遂初堂书目》、《直斋书录解题》、《四库阙书目》等目录书对《孙子兵法》的各种版本、注家都有详略不同的著录。

《孙子兵法》一书版本繁富,流传甚广,但穷本溯源,不外乎三大系统。

(一)竹简本。1972年山东临沂出土的银雀山汉墓竹简《孙子兵法》为迄今所发现的《孙子兵法》最早传世本。据吴九龙等专家研究,汉简本陪葬的年代大约在建元元年(前140年)至元狩五年(前118年)之间。从字体上看,其抄写年代当在秦到西汉文、景时期,比历史上早期著录《孙子兵法》的《史记》要早数十年至上百年。有学者据此论定汉简本与今之流行传世本相比,更接近于孙子的手定原本。这个见解尚有可商榷之处,因

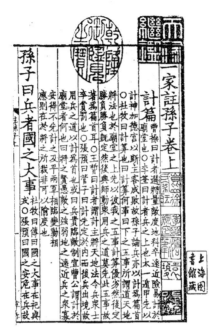

宋本《十一家注孙子》

为汉简本虽弥足珍贵,但毕竟远非完璧。且刘向、任宏等人校书,乃是从众多《孙子兵法》古抄本中择善而从,其质量理应胜过汉简本。从这个意义上说,汉简本可资参考,但其价值却不宜过分夸大。

(二)武经本。即指宋刻《武经七书·孙子》。《武经七书》最早著录在尤袤《遂初堂书目》上，称之为《七书》，后因"武举以七书试士，谓之武经"（见《直斋书录解题》卷十二《李卫公问对》题解）。宋本《武经七书·孙子》，是现存《孙子兵法》的最重要版本之一，原为陆心源氏皕宋楼藏书，后被日本岩崎氏购走，收藏在东京静嘉堂。今有《续古逸丛书》影印本。自宋代到清中叶，《孙子兵法》书的流传始终以"武经本"为主导。与"武经本"相联系的是《魏武帝注孙子》，收录在孙星衍《平津馆丛书》卷一《孙吴司马法》内。它是现存《孙子兵法》的最早注本，也是后世各种传写本、刊刻本的祖本，有影宋本传世。李零先生认为，它与武经本属同一系统，但年代更早，错讹之处也较武经本、十一家注本为少（《银雀山汉简〈孙子〉校读举例》，载《中华文史论丛》1981 年第4 辑）。

（三）十一家注本。宋本《十一家注孙子》，上海图书馆藏本，1962 年中华书局上海编辑所影印本。它也是传世《孙子兵法》书中的最重要版本之一，与"武经本"共同构成《孙子兵法》书传本两大基本系统的源流。

其书著录仅见于《遂初堂书目》,《宋史·艺文志·子部》共著录三种《孙子兵法》集注本,均属十一家注系统。其中吉天保《十家孙子会注》当是十一家注本的重刻本。一般认为,自魏武至宋,注《孙子》最有名的有十家:曹操、孟氏、李筌、杜牧、陈皞、贾林、梅尧臣、王晳、何延锡、张预。而又称十一家注者,是因为其中又引用了杜佑的某些见解。但杜佑之注系采自其著作《通典》,而并非专有《孙子注》,故亦只称十家注。但在相当长的一段时间内,十一家注本并不十分风行。一直到清代中叶,才由孙星衍以华阴《道藏》本《孙子集注》为底本,对十一家注本作了一番认真的考辨校订工作,而使之重新焕发精神,声誉鹊起,一举打破了自宋代以来《孙子兵法》主要以"武经本"流传的固有格局。孙校《孙子十家注》也就成了近世流传最广、影响最大的《孙子兵法》读本。

今以中华书局上海编辑所 1962 年影宋本《十一家注孙子》为底本,精选注释,各篇详加说明与讲评,以飨广大读者。

# 一、计篇

本篇篇题,《武经七书》本作"始计第一","始"字殆系后人所附增。所谓"计",意为计算、预计,《说文解字》释"计"云:"计,会也,算也。"这里系指战前的战争预测与战略运筹。宋本《十一家注孙子》曹操注云:"计者,选将、量敌、度

宋本《武经七书》中的
《孙子》(《始计第一》)

地、料卒、远近、险易,计于庙堂也。"这是历史上人们对本篇主旨最早而又十分准确的概括。

本篇主要论述战争指导者如何在战前正确筹划战争全局以及在战争过程中怎样实施高明作战指挥的问题。

孙子曰:兵者……经之以五事①,校之以计而索其情②。一曰道③,二曰天,三曰地,四曰将,五曰法。道者,令民与上同意也,故可以与之死,可以与之生,而不畏危。天者,阴阳、寒暑、时制也④。地者,远近、险易、广狭、死生也⑤。将者,智、信、仁、勇、严也。法者,曲制、官道、主用也⑥。凡此五者,将莫不闻,知之者胜,不知者不胜。故校之以计而索其情,曰:主孰有道⑦?将孰有能?天地孰得?法令孰行?兵众孰强⑧?士卒孰练⑨?赏罚孰明?吾以此知胜负矣。

① 兵：这里指战争。经之以五事：意谓要从五个方面分析、预测战争胜负的可能性。经,度量、衡量。　② 校：比较。计：指下文所言"主孰有道"等"七计"。索：探索。情：情势、实情,也可以理解为规律。　③ 道：事理、规律,此处指战争的社会政治条件。　④ 阴阳：指昼夜、晴晦等天时气象的变化。寒暑：指寒冷、炎热等气温差异。时制：指四时季节的更替。　⑤ 远近：指作战区域的距离远近。险易：指地势的险厄或平坦。广狭：指战场面积的广阔或狭窄。死生：指地形条件是否利于进退攻守。死即死地,进退两难的地域;生即生地,易攻能守之地。　⑥ 曲制：有关军队的组织编制、通讯联络等制度。官道：各级将吏的管理制度。主用：指各类军需物资的保障体制。主,掌理、主管。用,物资费用。　⑦ 孰：谁,哪一方。　⑧ 兵众：兵械和士众。　⑨ 练：娴熟,指训练有素,武艺娴熟。

……计利以听①,乃为之势②,以佐其外③。势者,因利而制权也④。

① 计利：计算、分析敌对双方各自有利或不利的条件。

以：通“已”，业已。听：听从。　②乃：于是、就。为：营造。势：态势，指有利的军事态势。　③佐：辅助。　④因：根据、凭依。制：制订、决定、采取。权：权变，灵活处置。

　　兵者，诡道也①。故能而示之不能②，用而示之不用，近而示之远，远而示之近，利而诱之③，乱而取之，实而备之，强而避之，怒而挠之④，卑而骄之，佚而劳之，亲而离之。攻其无备，出其不意。此兵家之胜⑤，不可先传也⑥。

　　①诡：诡谲、欺诈。道：行为方式。　②示：显示，特指向敌方显示假象。　③利：此处作动词用，贪利的意思。④怒而挠之：意谓敌人急躁易怒，就设法挑逗激怒它。一说，敌人来势凶猛，当设法扼制其气焰。　⑤胜：奥妙，胜券。⑥不可先传：言不可事先传授或规定，而必须根据具体情况灵活运用。

　　夫未战而庙算胜者①，得算多也②；未战而

庙算不胜者,得算少也。多算胜,少算不胜,而况于无算乎③!吾以此观之,胜负见④矣。

① 庙:古代祭祀祖先与商议军国大事的场所。兴师作战前,通常要在庙堂里商议谋划,预测战争胜负,制定作战方略。这一程序,就叫做"庙算"。　② 算:即"筹",古代计数用的筹码,此处引申为胜利的条件。③ 而况:何况,更不必说。④ 见:同"现",显现。

如同一首律诗有它的"诗眼",一首乐曲有它的主题旋律,一部理论著作也有它的中心篇章,在全书中起着提纲挈领、总揽全局的作用。《计篇》作为《孙子兵法》的首篇,也具有这样的特殊地位,在一定程度上它可以视为孙子杰出军事思想的高度浓缩和精辟概括。

《汉书·艺文志·兵书略》对先秦至两汉的兵学流派作过明确的划分,对各派的特点进行了系统的总结和准确的揭示,其中最为重要的一派——兵权谋家之基本特征为:"以正守国,以奇用兵,先计而后战,兼形势,包阴阳,用技巧者也。"而位居"兵权谋家"之首的《孙子兵法》,自然要体现"先计而后战"这一重大特色,《计篇》正是这一精神的具体而生动的诠释。

在我国漫长的历史长河里,军事活动一直占据着社会政治生活中的重要位置。军事上的成败得失,直接关系着社稷的安危,民众的存亡,因此历来为人们所高度重视。本篇的中心,就是从战争全局的高度,论述战争指挥者如何为夺取军事斗争的胜利规划方向,为他们指点迷津。它鲜明地表达了孙子"重战"与"慎战"并重的立场,既反对空谈仁义、废兵忘战的迂腐之士,又反对穷兵黩武、好大喜功的战争狂人,意义不可低估。

战争,既是敌对双方力量的角逐,也是双方战争指导者智谋韬略的较量。恃强逞暴,好战无谋,往往丧师辱国,自取败亡;而深谋远虑,先计后战,则常能以较小的代价,取得成功和胜利。所谓"凡事预则立,不预则废",就是这层意思。因此,周密分析,预知胜负,力求万全,谋定而动,乃是展开军事行动的先决条件,只有全面比较敌我情势,正确预测战争前景,才能制定符合实际的战略战术方针，不打无准备之仗，不打无把握之仗，确保军事行动达到预期的目的。

孙子深谙这个奥秘，为此，他在《计篇》中提出了如何开展全面综合的战前战略运筹的基本方法，即着重强调了要通过对敌我方面现有主客观条件——五事七计的考察比较，以期对战争的胜负趋势作出正确的估计，这中间既要考虑敌我双方的经济、政治状况，也要了解掌握双方军事实力的对比，同时还要顾及天时、地利等外在环境因素。具体地说，就是看哪一方统治者政治清明，哪一方将帅指挥高明，哪一方具备更好的天时与地利，哪一方法令贯彻彻底，哪一方武器装备精良，哪一方兵卒训练有素，哪一方赏罚公正严明，总而言之，是要着眼于"道、天、地、将、法"诸条件，预测胜负，作出决策，从而做到"胜兵先胜而后求战"，"先立于不败之地，而不失敌之败也"（《形篇》）。孙子认为，只有"校之以计而索其情"，明白"多算胜，少算不胜"的道理，方能制定出自己一方恰当的战略决策，为克敌制胜奠定充分的客观基础。

《计篇》所反映的孙子从实际出发，谋划战争全局的思想，无疑是唯物的，也是高明的。它同商周以来那种以卜筮方法预测战争胜负态势的迷信行为划清了界限，使军事预测摆脱愚昧的束缚，真正建立在客观理性的基础之上，满足了时代对战争预测与战略运筹问题的理论需求。从这个意义上说，《计篇》战略运筹理论的提出，标志着人们在认识和把握战争问题上思维理性的质的飞跃。

《计篇》的又一个重要内容，是关于如何发挥主观能动性，实施高明卓越的作战指导，将既定的战略方案最终转化为胜利的现实。

孙子的高明之处，在于他不但高度重视对敌我双方各种客观条件的认识和把握，而且也强调在此基础上充分发挥战争指导者的主观能动性，积极创造条件，从而将胜利的蓝图变成现实。这种既立足于战略谋划，又强调把战略谋划付诸实践；既强调物质条件的作用，又不忽视将帅主体精神的做法，表明其战略思想既是唯物的，又是朴素辩证的。

《计篇》主张在充分把握敌我双方政治、经济、军事以及天时、地利等条件的基础上,积极"造势"以掌握战争的主动权,"计利以听,乃为之势,以佐其外"。所谓"势",就是指有利主动的作战态势,而有利主动作战态势的拥有,关键在于战争指导者凭借有利于己的客观条件,灵活机变,巧妙用兵,确保自己在整个作战活动过程中牢牢立于不败之地。为此,《计篇》提出了一系列具体的作战"造势"原则,这就是著名的"诡道"十二法,而"造势"的核心,便是那条为后世军事家推崇备至的作战指挥原则——"攻其无备,出其不意"。

孙子认为,用兵打仗是一种诡诈权谲的行为,"兵者,诡道也",一切均应以"利益"的有无大小为出发点,以能否取胜为根本前提。因此,对敌人丝毫不能讲仁义,讲礼让,绝对不可像宋襄公那样为讲求君子风度,"不鼓不成列"而害得自己大败亏输,而必须通过各种手段将对手置于死地。要做到这一点,战争指导者就应该善于运用示形动敌的方法,制造假象,调动敌人,迫其就范,痛加打击,夺取胜利。具体的措施即:"能而示之不能，用而示之不用，近而示之远，远而示之近，利而诱之，乱而取之，实而备之，强而避之，怒而挠之，卑而骄之，佚而劳之，亲而离之"等等。孙子把这种"诡道"方法推崇为"兵家之胜"，即视为克敌制胜的奥妙精粹之所在。

由此可见，《计篇》在一定程度上可以视作孙子军事思想的高度概括。它的基本思想由两个部分所组成，一是战争的筹划理论，二是战争的实施方法。前者是"体"，后者是"体"之"用"，两者有机结合，相辅相成，奠定了孙子兵学体系的坚实基础。

《计篇》诸多兵学原则的提出，在中国古代军事思想发展史上实具有里程碑式的意义。第一，它用十分简洁的文字，总括了准备战争与实施战争的基本要素，把握了从事军事活动的正确的途径："先计而后战。"从而为人们驾驭战争艺术提供了最佳的切入点。第二，在中国古典兵学理论史上，它首次完整系统地揭示出"庙算"，也即战略筹划的基本环节，从政治、经济、军事、天时地利等自然条件综合比较考虑的角度，来从事战略谋划,预测战争胜负的趋势,而并不局囿于单纯军事要素筹措战略方案,这样就初步形成了中国古代的大战略思维,并成为后世兵家普遍遵循的基本方法。第三,在军事斗争中,在总结了春秋以来众多运用"诡道"战法而取胜的战例经验的基础上,首次旗帜鲜明地提出了"兵者,诡道"的重要命题,全面否定了旧"军礼"传统下"成列而鼓"、"君子不重伤,不擒二毛"、"伐不逾时,战不逐奔"等陈腐原则,对用兵问题上"以礼为固,以仁为胜"传统观念给以毁灭性的冲击,从而使战争指导更好地符合军事斗争的基本特点和一般规律,在军事观念变革、创新方面迈出了具有决定性意义的一步。所谓"自春秋至于战国,出奇设伏,变诈之兵并作"(《汉书·艺文志·兵书略》),在孙子以前并非没有,但主要是在"兵者,诡道"之说确立以后才更为普遍的。

《计篇》的基本观点对后世产生了极其深远的影响。在兵学理论建树上,"先计后战"的原则,始终为后世兵家奉为圭臬,践行不悖。如战国时成书的《管子·七法》主张:"故凡攻伐之为道也,计必先定于内,然后兵出乎境。"《尉缭子·勒卒令》强调:"若计不先定,虑不蚤(早)决,则进退不定,疑生必败。"宋代何去非认为"计必先胜而后战,是胜不可以幸得也;度有功而后动,是功可以常期也"(《何博士备论·李陵论》)。明代著名抗倭将领戚继光主张打"算定战",坚决反对打"舍命战"和"糊涂战"等等,就都是对《计篇》"多算胜,少算不胜"基本精神的一脉相承、弘扬光大。至于"能而示之不能,用而示之不用,近而示之远,远而示之近"等著名的十二条"诡道"用兵之法,更作为"兵家之胜"的纲领,为战争指导者奉若神明,屡试不爽,导演出历史上一幕幕精彩绝伦、荡气回肠的战争活剧。

古代军事家对《计篇》所揭示的兵学原理的借鉴和发挥,首先表现为运用其高明的战略预测和运筹理论,指导自己的军事实践活动。曹操在官渡之战前夕的军事预测和战略运筹,就是透彻理解并高明运用《计篇》精髓的成功典范之一。东汉末年,在黄河南北的广大地区逐渐形成了袁绍、曹操两大军事集团。到了汉献帝建安四年(199)左右,袁绍已基本占有黄河以北的全部地区,拥兵数十万,处于进可以攻,退可以守的有利战略地位。他踌躇满志,集中十余万精兵,计划实施南下进攻许昌方案,以实现吞并中原的目的。这一消息传至许昌,曹操即召部属商议,运筹帷幄以制定战略决策。曹操认为:袁绍志大而缺乏智谋,色厉而胆略不足,猜忌而没有威望,兵多而不善指挥,将骄而各存私心,土地和粮食虽多,但都是为我所准备的。谋士荀彧也接着指出:袁绍兵员虽多但不整治,谋士田丰刚而犯上,许攸贪而不治,武将审配专而无谋,逢纪刚而自用,这些人势不相容,必生内变;大将颜良、文丑匹夫之勇,可一战而擒。

曹操和部属从双方主帅、将领、政策、武器装备、士兵素质、组织纪律以至赏罚等各个方面作了详尽的对比分析后,一致预测出这样的结论:形势有利于己方而不利于袁绍。在这一战略预测的基础上,曹操最后果断地作出决

**曹 操**

定：集中兵力，全力抗击袁绍的进攻，揭开了官渡决战的帷幕。在战争过程中，曹操根据既定的战略决策，灵活主动地打击敌人，经白马津遭遇战、官渡相持、乌巢烧粮诸役，终于夺取战争的胜利，进而统一了北方中原地区。

如果说曹操取得官渡之战的胜利，是其遵循《计篇》战略运筹思想的精神，在战前高明运筹全局、预测胜负的自然结果。那么东晋十六国时期，前秦天王苻坚在淝水之战中惨遭失败，主要原因也在于他自己违背《计篇》战略运筹思想，昧于对敌我情势的了解，贸然开战，最终自取其辱。

前秦建元十九年（383），苻坚自恃兵多将广，不顾群臣阻谏，亲率九十万大军，在东西长达数千里的战线上，水陆并进，企图"投鞭断流"，一举吞并偏安江左的东晋政权，混一天下，然而却最终在淝水一带（今安徽境内）同东晋军队的战略决战中大败亏输，土崩瓦解。这一结局的出现，固然有苻坚战役指挥不当的因素，但归根结底，最重要的原因当是苻坚本人在战前战略筹划中主观武断,一意孤行,不能用孙子"五事""七计"的思想方法来考察掌握敌我情势和预测战争胜负前景,战略运筹失策。明明是绝大多数臣下不与自己"同意",反对贸然进攻东晋,可他却偏偏要执意南征;明明是内部不稳,士气低落,兵众不"强",慕容垂等异族部将有"他志",他却偏偏要刚愎自用,锐意轻进,明明是不知南方地区的气候、地理条件,水军力量又薄弱,军队缺乏系统训练,他却偏偏要舍长就短,轻启战端,这样便深深埋下了失败的种子。加上指挥上又不能贯彻"诡道"原则,战术呆板,指挥笨拙,"乱军引胜",轻举妄动,凡此多种因素结合在一起,就不可避免要上演丧师灭国的悲惨一幕了,使苻坚本人鲸吞六合的"雄心"一变而为痴人的梦呓。

古代军事家对《计篇》兵学原理的借鉴和应用,还表现为遵循"诡道十二法"作战原则,巧妙灵活地实施战场指挥。"诡道"作战原则的核心是示形动敌,兵不厌诈,量敌用兵,出奇制胜。这是对军事斗争本质属性最直观、最准确的提炼概括,符合战争活动的内在规律,因此具有永恒的指导价值，深受后世兵家的青睐和推崇。这里我们可以列举一些典型的战例加以证明：西汉初年，冒顿单于故意示弱，引诱汉军深入，尔后突然出击，围困刘邦于平城白登山，就是"能而示之不能"的范例；三国时期，东吴主将吕蒙假称病重引退，麻痹关羽，一旦蜀军放松警惕，即白衣渡江，进占荆州，擒杀关羽，就是"用而示之不用"的印证；在春秋吴越笠泽之战中，越王勾践声东击西，侧翼佯动，中间突破，大败吴军，属于对"近而示之远"战法的运用；相反，楚汉战争中，韩信正面牵制，迂回进击，木罂渡河，擒获魏王豹，平定魏地，则属于对"远而示之近"原则的贯彻。其他像"利而诱之，乱而取之，实而备之，强而避之，怒而挠之，卑而骄之，佚而劳之，亲而离之"等"诡道"战法，也无不经受住了实战的考验，始终是克敌制胜的不二法门。

真正优秀的思想是超越时空的，《计篇》所体现的战略预测运筹理论和"诡道"作战原则，反映了战争指导的一般规律，因此不但适用于古代战争实践，而且也能在现代战争条件下发挥应有的作用。

毋庸讳言,现代条件下的作战,参战军兵种众多,作战系统构成复杂,战场范围广阔,情况变化剧烈,军队机动性极大增强,武器装备日趋先进,可是这些新因素的出现,并不能改变军事斗争的本质属性,在战前进行全面正确的战略运筹和在战场上实施灵活机动的作战指挥,仍然是决定战争胜负的主要环节。就在这样的情况下,《计篇》的兵学原理和现代作战现实之间完成了圆满的契合,沟通了时代的鸿沟,获得了新的生机。

这里,我们可以拿上世纪九十年代爆发的海湾战争作为典型例子,来领略《计篇》所揭示的军事规律在现代战争条件下的强大生命力。

1990 年 8 月间,伊拉克悍然出兵,越过伊科边界,很快吞并了科威特,并威胁到西方在中东地区的重大利益,从而引起了一场严重的海湾危机。美国为首的西方世界以及埃及等温和阿拉伯国家,对此反应强烈,通过联合国授权,组成多国部队进行干预,在政治孤立、经济制裁的基础上,最后动用强大的军事手段,歼灭伊拉克大量有生力量,恢复了科威特的主权,赢得了海湾战争的胜利。

根据《计篇》所阐述的战略运筹思想来分析，伊拉克的战争决策是完全错误的，它的最终失败实际上从它出兵科威特那天起就早已注定了。《计篇》指出："夫未战而庙算不胜者，得算少也。"伊拉克领导人患有严重的战略短视症，他们只看到侵占科威特会带来的暂时利益，而没有预料到这样做将会导致的可怕后果：政治上丧失人心，外交上陷于孤立，经济上遭到封锁，军事上惹来打击。在联军组成后，萨达姆仍没有看到自己军事力量明显处于劣势地位，包括军队素质低下，武器装备相对落后，战场指挥呆板笨拙，后勤补给缺乏保障等。这无疑是把自己的国家送入灾难的深渊。而伊拉克领导人之所以犯下如此严重的错误，主要的原因就在于他们未能在战前很好地进行高明的形势预测和正确的战略运筹，违背了孙子"校之以计而索其情"的战争指导规律。

至于多国部队的胜利，原因自然很多，但其中有一项因素尤其不容忽略，这就是它的战略运筹和作战指导与《计篇》所揭示的基本原则有相通与吻合之处，特别是在"沙漠军刀"地面军事行动中，可以清楚地看到孙子"诡道"战法的现代投影。当时多国部队的统帅，针对伊军重点固守正面战场的作战态势，大胆拟定了正面牵制、侧后迂回、纵深突袭、大创聚歼（美国人自己称之为"左勾拳"）的作战方针。他们以部分兵力对科威特正面战场实施战略佯动，诱使伊军产生错觉，无谓地增强在正面的布防，从而转移了伊军视线，牵制了伊军力量，为联军进行机动作战创造了条件。一俟时机成熟，西线的多国部队主力精锐即以迅雷不及掩耳之势越过沙伊边界，突入伊拉克纵深地区，对伊拉克的共和国卫队实施分割包围，痛加聚歼，完成了既定的战略任务，伊军猝不及防，全线崩溃。海湾战争遂以多国联军的大获全胜而宣告结束。

多国部队在实施"沙漠军刀"地面作战过程中所表现的快速机动、声东击西、避实击虚高明作战指导，与《计篇》所提倡的"能而示之不能，用而示之不用，近而示之远，远而示之近"、"攻其无备，出其不意"等作战原则实不谋而合,如出一辙。这事实本身已说明,《计篇》的理论精华,至今仍然生机盎然,青春常葆。

《计篇》的哲学基础是朴素唯物论与能动辩证法,这意味着它的世界观是物质的,注重实际的,而思想方法则是坚持对立统一分析立场,重视主观精神因素的反作用的。这种世界观和方法论固然能够卓有成效地指导军事斗争,而且对于非军事领域的社会实践活动同样也具有重要的借鉴意义。因为实事求是、掌握情况、关照全局、预测发展、权衡利害、辩证分析、主动积极、扬长避短等等,始终是我们在从事各项工作时所必须遵循的认识路线和指导原则。特别是在外交、经贸、体育这些竞争激烈、变化迅捷的社会领域,更需要当事者寻找主客观结合的契机,从实际情况出发,发挥主观能动性,在复杂多变的环境中应变裕如,游刃有余,稳操胜券,有所建树。在这种情况下,《计篇》总揽全局、综合比较、求实超前的战略运筹理论和能动辩证、因利制权的作战指导思想就可以被引入这些社会领域,对其实践活动产生积极的影响,给人们以思想方法上的极大启迪。

例如,制定企业经营战略与筹划战争全局之间就有相通的道理。商品交换错综复杂,市场风云变幻莫测,企业经营决策者在开展经济活动,制定企业发展方向时,必须预先了解市场的需求,同类企业的竞争能力和运行态势,自己企业的设备条件和技术基础以及市场形势的发展趋势,以敏锐的观察力、机敏的反应力和果断的决策力,发现和选择最佳的企业经营方向,制定适合本企业生存和发展的经营方针,神机妙算,善出奇招,从而在市场竞争中获胜盈利。这显然和《计篇》所说的"经之以五事,校之以计而索其情"、"多算胜,少算不胜"的道理一脉相承、若合符契。

又如,体育竞技是又一个竞争激烈、风云变幻的社会活动领域,《计篇》的战略运筹思想和灵活用兵原则,同样能在这一领域中产生效应,发挥作用。像比赛前夕的掌握情况、综合运筹,制定万全的制胜方案;排兵布阵上的巧妙调度,出奇制胜;比赛过程中的及时叫停,面授机宜,调整战术,打乱对手的部署,都属于运筹全局,因利制权的做法,这与《计篇》思想的精神实质息息相通。所以教练员、运动员如果能真正领会《计篇》的精髓,便能在竞技场上如鱼得水,如虎添翼,以自身的实力为后盾,创造出最佳的成绩。

"阵而后战,兵法之常,运用之妙,存乎一心"(《宋史·岳飞传》)。《计篇》完整构成了孙子兵学理论的思维框架和价值取向,《作战》以下十二篇,从某种意义上讲,乃是《计篇》基本思想的展开与深化,因此,领会孙子思想必须从《计篇》入手,运用孙子思想必须从《计篇》出发。

## 二、作战篇

　　本篇篇名"作战",不是通常意义上的战阵交锋,而是始战,即从事战争准备。作,开始的意思。《十一家注孙子》张预注:"计算已定,然后完车马,利器械,运粮草,约费用,以作战备。"(以下凡引用《十一家注孙子》者,出处之注省略)最合乎孙子本篇的主旨。应该说,孙子在"计篇"之后紧接着论述战争准备这一问题,充分体现了作者思想体系的内在逻辑性和系统性。

　　本篇的中心思想是阐述战争指导者如何结合春秋晚期战争活动的实际情况和基本特点,在辩证认识战争对人力、物力和财力存在着巨大依赖关系的基础上,有针对性地从事战争的准备工作,集中反映了孙子"速战速决"、进攻速胜的战争理论指导。

孙子曰：凡用兵之法……日费千金[1]，然后十万之师举矣。其用战也胜[2]；久则钝兵挫锐，攻城则力屈[3]，久暴师则国用不足。夫钝兵挫锐，屈力殚货[4]，则诸侯乘其弊而起，虽有智者，不能善其后矣。故兵闻拙速[5]，未睹巧之久也。夫兵久而国利者，未之有也。故不尽知用兵之害者，则不能尽知用兵之利也。

① 金：古代计算货币的单位。千金，泛指耗资巨大。② 胜：指速胜。 ③ 力屈：力量耗尽。屈，竭尽。 ④ 殚货：经济枯竭。殚，尽、枯竭。货，财货，引申为经济。 ⑤ 拙速：李贽《孙子参同》卷二注云："但能速胜，虽拙可也。"拙，指虽不巧妙但实用。

善用兵者，役不再籍[1]，粮不三载[2]；取用于国，因粮于敌[3]。故军食可足也。

① 役不再籍：役，兵役。籍，名册，此处用作动词，登记，征集。　② 载：运输、运送。　③ 因粮于敌：粮草给养依靠在敌国就地解决。因，依靠。

　　国之贫于师者远输，远输则百姓贫①。近于师者贵卖，贵卖则百姓财竭，财竭则急于丘役②。力屈、财殚，中原内虚于家③。百姓之费，十去其七；公家之费，破车罢马④，甲胄矢弩⑤，戟楯蔽橹⑥，丘牛大车⑦，十去其六。

　　① 百姓：指当时赐有姓氏的宗族世家。　② 丘役：按丘为单位征发的赋税、徭役。丘，古代的地方行政区划单位。《汉书·刑法志》："四井为邑，四邑为丘。"　③ 中原：泛指国内。　④ 破车罢马：车因战而破损，马因战而疲废。罢，通疲。　⑤ 弩：弩机，依靠机械力量发射箭镞，射程较人力挽弓为远，同时，因为有"望山"（瞄准器），射击的命中率也大为提高。　⑥ 戟：古代戈、矛功能合一的常用兵器。楯：同"盾"，盾牌。蔽橹：用作屏蔽（攻城时用得最为普遍）的大盾牌。

⑦ 丘：通巨，大。

　　故智将务食于敌，食敌一钟①，当吾二十

钟；萁秆一石②，当吾二十石③。……

　　① 钟：古代的容量单位，每钟六十四斗。　② 萁：同

"其"，即豆秸。秆：禾茎。泛指马、牛等牲畜的饲料。

③ 石：古代的重量单位，每石一百二十斤。《汉书·律历

志》："三十斤为钧，四钧为石。"

　　故兵贵胜①，不贵久。

　　故知兵之将②，生民之司命③，国家安危之

主也。

　　① 贵胜：以速胜为可贵。　② 知兵：懂得用兵之法。

③ 生民：普通民众。司命：古代星宿之名，主死亡。这里是

喻指命运的主宰。

战争不仅是智慧的交锋,更是综合实力的角逐,而在诸多内容构成的综合实力之中,经济又占有特殊重要的地位。具体地说,经济是从事军事斗争的前提与基础,是制约一切战争活动的最主要物质因素,所谓"甲兵之本,必先于田宅"(《管子·侈靡》);"库无备兵,虽有义不能征无义"(《墨子·七患》);"修耕植,蓄军资,如此则霸王之业可成也"(《三国志·魏书·毛玠传》)云云,所揭示的都是战争对于经济的深刻依赖关系。

作为参透战争玄机的军事理论家,孙子自然洞察到战争对人力、物力、财力的巨大依赖,在"日费千金,然后十万之师举矣"这句话前,他详细地算了一笔账:"驰车(战车)千驷,革车(辎重车)千乘,带甲十万,千里馈粮,则内外之费,宾客之用,胶漆之材,车甲之奉"所有这些加起来,的确是不小的支出。类似的论述也见于《用间》诸篇。军事对经济这种深刻的依赖关系,在当时生产力尚比较低下,战争规模、作战方式相对原始的特定历史条件下,更不可避免地决定了速战速决的极其重要和旷日持久的莫大危害。

　　这一特点,要求战争指导者在从事战争准备活动的过程中,明确树立起"兵贵胜,不贵久"速战速决的指导思想,坚持一切战争准备工作都必须紧紧围绕这一中心来开展。为了充分证明自己这一理论的合理性,孙子从反面提出了具体有力的三个依据:

　　第一,战争旷日持久会造成国家财力的极大消耗,"日费千金",才可以兴"十万之师";一旦战争爆发,而又久拖不决,则会"力屈财殚,中原内虚于家"。贵族百姓的费用,"十去其七";诸侯公家的费用,"十去其六"。这样巨大的负担,作为一般诸侯国,是难以长久负担的。

　　第二,战争久拖不决会进一步加重普通民众的负担。道理十分简单,陷足于战争泥潭之中的国家机器,在财力、物力枯竭困窘的情况下,为了支持战争,势必向广大民众加征各种赋税徭役,把战争灾难进一步转嫁到民众头上,从而造成广大民众的不满,大大激化社会矛盾。

　　第三,战争旷日持久容易使国家陷入多面作战的被动不利处境。孙子强调进攻速胜,同时也是基于对当时列国总体战略格局的认识。春秋时期,诸侯林立,竞相争霸称雄,关系错综复杂。在这种情况下,如果某一国长期从事征战攻伐,暴师于外,导致国内空虚,实力锐减,那么就会给第三国带来可乘之机,最终使自己陷于多线作战的被动局面,出现"鹬蚌相争,渔翁得利"、"螳螂捕蝉,黄雀在后"的情况,即所谓"夫钝兵挫锐,屈力殚货,则诸侯乘其弊而起",而这种危险的局面一旦形成,则是任何人也无法加以挽救的,"虽有智者,不能善其后矣。"从历史的情况看,春秋时吴国的衰亡,战国时魏国的没落,都是明显的例子。吴国的灭亡,原因固然很多,但它长期穷兵黩武,追逐霸权,多线出击,北上与齐、晋等大国争雄逐强,造成"钝兵挫锐,屈力殚货",以至为世仇越国所乘隙蹈虚,惨遭败绩,无疑是最主要的因素。而战国时期魏国霸权的中衰,也实与魏惠王好大喜功,四面出击,多方树敌,陷于多线作战的困境,最终为齐国所趁,一败于桂陵,再败于马陵,丧师辱国,破军杀将有直接的关系。可见,为了避免出现"诸侯乘其弊而起"的不利局面,战争指导者在准备和实施军事行动之时,也必须坚决贯彻进攻速胜的基本原则。

正是从这样的逻辑分析出发,在深刻地把握了战争与经济内在联系的基础上,孙子根据战争效益论的基本原则,在本篇中着重构划了进攻速胜战略的恢宏思路,换言之,即孙子从战略经济的高度论证了采取速战速决方针的必要性,主张在从事战争准备的过程中明确地树立起"兵贵胜,不贵久"的速战速决指导方针,力求在最短的时间里,做好充分准备,发起猛烈攻击,彻底战胜敌人,坚决夺取胜利,反对使战争旷日持久,疲师耗财,陷于被动,导致失败。用他自己的话说,便是"兵闻拙速,未睹巧之久也。夫兵久而国利者,未之有也。"强调指出高明的战争指导者在从事战争准备时,一定要把立足点放在兵员不再次征集,粮食不多次运送的基础之上。认为只有在充分了解用兵弊害的前提下,才能真正理解用兵的益处,"故不尽知用兵之害者,则不能尽知用兵之利也"。唯有如此,才算是谙悉用兵之道,成为民众生死的掌握者和国家安危存亡的主宰。

为了确保速战速决作战指导方针得以顺利实现,就需要妥善解决战争巨大需求与后勤补给困难之间的深刻矛盾。为此,孙子提出了"取用于国""因粮于敌"的军事后勤保障重要原则:"善用兵者,役不再籍,粮不三载,取用于国,因粮于敌。"

众所周知,后勤保障是军队战斗力的重要组成部分,是重要的战略因素,它直接关系到战争的胜负,孙子对此是有深刻的认识的。所谓"取用于国",就是主张作战所需的武器装备由国内提供。这是因为,(一)士兵对战场上使用的兵器必须事先熟悉其性能,长短轻重适用,能掌握其特点,这样操持起来方可得心应手,杀敌致胜。(二)武器装备直接为敌方的兵库所收藏和控制,不能像粮秣那样可以随时就地征发。受这两个基本因素的制约,所以武器装备最佳的保障途径乃是"取用于国"。

所谓"因粮于敌",就是指在敌方境内就地解决粮饷补给的后勤保障原则。孙子认为,军粮问题生死攸关,然而假如采取"千里馈粮"的方式来解决补给问题,实在是弊大于利,既会造成民困国穷,又将导致物价飞涨,从而引起"内外骚动",埋下社会动乱的种子。所以,"千里馈粮"乃是不得已的选择,正确的做法应该是

"因粮于敌"。孙子还进一步从经济成本核算的角度，具体论证了"因粮于敌"的合理性，指出它和"千里馈粮"相比，具有明显的投入少而获利多的效益，具体地说是整整相差二十倍，即"食敌一钟，当吾二十钟；萁秆一石，当吾二十石"。由此可见，以战养战，"因粮于敌"，出发点在于尽可能减轻后勤供给上的沉重负担，以顺利达到进攻速胜的战略目的。

**拿破仑**

至于该如何贯彻"因粮于敌"这一原则，孙子在其他篇章中曾提出过自己的看法，其基本立足点就是抢掠劫夺。在这个问题上，孙子的态度倒是十分坦率的，其具体措施便是"重地则掠"（《九地篇》）——深入重地就要掠取粮草；"掠乡分众"（《军争篇》）——分兵抄掠敌国乡野，分配抢夺到的人畜和财物；"掠于饶野，三军足食"（《九地篇》）——在敌国富庶的乡野里进行劫掠，以保证全军上下的粮秣供给。可见，孙子所讲的

"因粮于敌",实质所指乃是掠夺敌国的粮仓,敌国的民家。这里,孙子并无从敌国征集粮秣、收购粮秣的想法,更没有依靠和争取敌方民众箪食壶浆、自动捐献粮秣的考虑,手段相当单纯,用武力劫掠而已。在孙子看来,坚决实施"掠乡分众"、"掠于饶野"的结果,是缩短了补给线,减少了损耗率。换言之,便是既节省了本国的粮草和运输费用,又削弱了敌方的战争潜力和补给能力,同时还获得了粮草及时补给之利,实属有利而无弊。

应该说,孙子在本篇中所提出的"因粮于敌"这一后勤保障基本原则,乃是抓住了解决问题的关键。因为在中国古代社会,以农立国,农耕经济的根本条件,决定了粮食问题在军事后勤乃至整个战争准备中一直占有最突出的地位,军事后勤保障的成功与否,战争准备是否充分完善,实际上在很大程度上取决于粮食供应的情况,所谓"用兵制胜,以粮为先",就是这层意思。因为对军队来说,有了粮食才有战斗力,才能保持高昂的士气。粮食供给的意义既然如此重大,那么将帅在考虑军事后勤保障问题时,自然要再三强调"兵马未动,粮草先行"，并采取具体的措施，以确保粮道的畅通无阻，粮秣供给的妥善解决。孙子关注这一问题，并提出这方面的高明对策，恰好说明他不愧为第一流的兵学理论家。

孙子"速战速决"的战争指导思想，以及与之相关的后勤保障原则，既是对当时战争实践的理论总结，又被以后的战争历史所充分证明，因此备受古往今来军事家的重视，成为一定条件下克敌制胜的重要法宝，在战争舞台上大放异彩。后世兵家大多都能在继承孙子这一理论的基础上，进一步阐明、发挥有关积极进攻的作用，速战速决的意义。如《吕氏春秋》的作者，就把迅猛神速，进攻速胜，看成是"此所以决义兵之胜"的关键，而反对进攻行动上的旷日持久，"不可久处"（《仲秋纪·论威》）。又如《白豪子兵㢇》也一再强调"时不再来，机不可失，则速攻之，速围之，速逐之，速捣之，靡有不胜"。

通观战争历史，我们可以发现，那些处于战略进攻的一方，为了确保战争的胜利，总是在努力做好各方面战争准备的前提下，力求以速战速决的方式，对敌人实施迅捷而猛烈的打击，一举摧毁敌人的抵抗，消灭敌人的有生力量,实现自己的战略意图。如隋军攻陈,采取进攻速胜的战略,动员五十余万大军,分兵八路从长江上、中、下游同时发起攻击,在短短的二十天时间里即歼灭陈军的主力,攻陷陈朝都城建康(今江苏南京市),生擒陈后主,灭亡陈朝,完成全国统一大业。又如清军在吴三桂策应下进入山海关后,多尔衮等人采纳洪承畴诸降臣"兵收晋豫,混一区宇"(《取中原启》)等战略建议,对李自成、张献忠农民军和南明几个政权实施迅雷不及掩耳的战略进攻,连战连捷,势如破竹,迅速占领全国主要战略要点,粉碎对手的一切抵抗,终于在血泊中建立起新的中央王朝。

在西方世界,速战速决的原则,也被许多军事家奉为圭臬。拿破仑的军事成就,就体现为他善于集中优势兵力,速战速决,歼灭敌之有生力量,实现战役目的,奥茨特里茨等战役充分反映了他在这方面的精湛军事艺术。从19世纪下半叶开始,随着军队快速机动性的提高和杀伤兵器威力的增强,速战速决的理论更是风靡,成为克劳塞维茨、若米尼、毛奇、施里芬、福熙等人所十分热衷的军事理论命题,并在战争实践中予以充分的运用。及至第二次世界大战，德国法西斯根据速决战思想提出了"闪击战"的理论，并一度在军事上取得了巨大的成功：纳粹的铁蹄几乎践踏了整个欧洲大陆。而第二次世界大战以后发生的近二百次局部战争和边境武装冲突，凡是由超级大国发动或背后支持、操纵的，也几乎都是从闪击战开始的。

至于"因粮于敌"的军事后勤保障原则，其基本精神也为战争实践所检验而被证明是合理的。如唐代黄巢、明末李自成等农民起义军在发展壮大阶段，之所以能够灵活机动实施战略进攻，所向披靡，连战皆捷，重要原因之一，就在于实行无后方作战，飘忽倏往，进退神速，保持着强大的机动性和战斗力。而其能够做到这一点，在很大程度上就是取决于"因粮于敌"、"以战养战"这一战略性措施。而蒙古铁骑在成吉思汗的指挥下，连续征战二十余年，驰骋欧亚大陆，横扫东西万里，战无不胜，攻无不克，始终保持着强大的战斗力，谱写世界军事史上的伟大一页，其中的原因固然很多，但在后勤补给上"因粮于敌"、"胜敌而益强"当是不可忽略的重要因素。由此可见,孙子"因粮于敌"、以战养战的军事后勤思想作为其速战速决战略指导理论的有力保证,有着深刻的指导意义,为历代军事家所继承和发展。

当然,无论是孙子速战速决的战争指导思想,还是其"因粮于敌"的后勤保障原则,都存在着一定的局限性。具体地说,就是观察、分析问题上的片面性、绝对化倾向,缺乏辩证、全面的思维理性。

就进攻速胜问题而言,孙子强调进攻速胜固然有合理、正确的一面,也基本符合当时的历史实际,但遗憾的是他没有能辩证地认识速决与持久的关系,有意无意忽略了防御持久在战争活动中应有的地位,以至于将速胜与持久的关系机械地截然对立起来。因为虽然在战役战斗上采取速战速决的方针始终必要,绝对不可动摇;然而,在战略上,是防御持久还是进攻速决,则不是由战争指导者的主观愿望决定的,而必须由特定的历史条件,特别是敌对双方各种力量的对比决定的,即战争指导者必须根据双方力量对比、战略态势、国际环境等实际情况,来具体决定是进攻速胜抑或防御持久,当速则速,宜久则久,不可拘定。否则,便是形而上学,到头来必定会遭到战争规律的惩罚。

就"因粮于敌"问题而言,孙子他同样未能意识到它与"千里馈粮"的后方供应之间辩证统一、互为弥补的关系,而忽略两者的有机结合。很显然,单纯以"因粮于敌"的方式来解决军队后勤补给问题,隐藏着一定的危险(风险)性。诸如在荒漠草原等特殊地理环境中作战,或者遇上敌方实施坚壁清野之策,这时便无粮可"因",或可"因"之粮十分有限,于是军队的生存就势必受到严峻的考验,导致轻则粮尽退兵,重则全军覆灭的后果。这种情况在中外战史上都大量存在,如我国汉代赤眉军愁困长安孤城,粮尽而崩溃;拿破仑攻俄大军在库图佐夫坚壁清野之举面前束手无策,被迫从莫斯科撤退,遭受惨重失败,六十万之众伤亡殆尽,均是单纯"因粮于敌"的必然结果。所以清初的《兵法百言》作者认为,因粮于敌"间可救一时,非可常恃也"。比较正确的做法,应该是"内必屯田以自足,外必因粮于敌"(《宋史·李邴传》),双管齐下,互为补充,以致成效。

# 三、谋攻篇

本篇题为"谋攻"，意思就是如何运用谋略战胜敌人，赢得胜利。"谋"的意思，与常言所谓"谋事在人，成事在天"中的"谋"含义略同，在这里更有智谋、谋略之义。一释"谋攻"为谋划进攻，也同样能够成立，此处权且理解为以谋略胜敌。

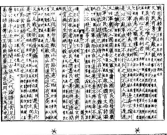

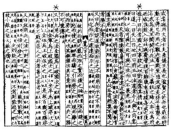

宋本《太平御览》所引
《孙子兵法》(曹操注)

王晳注:"谋攻敌之利害,当全策以取之,不锐于伐兵攻城也。"正确地揭示了孙子本篇的主旨。

孙子在篇中集中论述了以"全胜"为最高理想的伐谋思想,并深入探讨了有关这一战略思想实现的方法和条件。"上兵伐谋"、"不战而屈人之兵"是孙子所汲汲追求的军事艺术的最高境界,也是本篇的基调。《谋攻篇》在《孙子兵法》全书中的地位和价值不亚于《计篇》、《虚实篇》等重要篇章,对人们从事现代军事斗争以及其他社会活动亦不无积极的启示意义和借鉴价值。

孙子曰:凡用兵之法,全国为上[①],破国次之;全军为上[②],破军次之;全旅为上[③],破旅次之;全卒为上[④],破卒次之;全伍为上[⑤],破伍次之。是故百战百胜,非善之善者也;不战而屈人之兵[⑥],善之善者也。

① 全国为上:贾林注:"全得其国,我国亦全,乃为上。"
② 军:泛指军队。这里是指军队的最高编制单位。《周礼·

地官·小司徒》："五旅为师,五师为军。"郑玄注:"军,万二千
五百人。" ③旅:古代军队编制单位,通常五百人为一旅。
④卒:古代军队的一级编制单位,一般以一百人为一卒。
⑤伍:古代军队的最基本编制单位,五人为伍。案,军、旅、
卒、伍之编制人数系大略言之,当时诸侯列国军队编制不尽相
同。如春秋齐国一"卒"的编制额就不是一百人而为二百人
(见《管子·小匡》)。 ⑥屈:用作使动,使……屈服。


　　故上兵伐谋<sup>①</sup>,其次伐交<sup>②</sup>,其次伐兵,其
下攻城;攻城之法,为不得已。……杀士三分
之一,而城不拔者,此攻之灾也。故善用兵者,
屈人之兵而非战也;拔人之城而非攻也;毁人
之国而非久也。必以全争于天下,故兵不顿而
利可全<sup>③</sup>,此谋攻之法也。


　　①上兵:上乘的用兵之法。 ②伐交:在两军阵势已
列、战衅将开之际,向敌人显示己方的严整军容、强大实力,震
慑对手,吓阻敌人,从而使敌人丧失斗志和信心,被迫退兵或

无奈投降。交,交合,两军对峙示威。 ③ 顿:困顿、受挫伤。

故用兵之法:十则围之<sup>①</sup>,五则攻之,倍则分之<sup>②</sup>,敌则能战之<sup>③</sup>,少则能逃之<sup>④</sup>,不若则能避之。……

① 十则围之:兵力十倍于敌就包围敌人。 ② 倍则分之:有一倍于敌的兵力,就想方设法分散敌人,造成局部上的更大优势。 ③ 敌:匹敌,指兵力相等,势均力敌。 ④ 逃:退却,暂避锋芒。

夫将者,国之辅也<sup>①</sup>,辅周则国必强,辅隙则国必弱<sup>②</sup>。

故君之所以患于军者三:不知军之不可以进而谓之进<sup>③</sup>,不知军之不可以退而谓之退,是谓縻军<sup>④</sup>。不知三军之事,而同三军之政<sup>⑤</sup>,则军士惑矣。不知三军之权,而同三军之任<sup>⑥</sup>,则军士疑矣。三军既惑且疑,则诸侯之难至矣,是谓乱军引胜⑦。

① 辅:辅助、佐辅。　② 隙:指有缺陷、不周全。
③ 谓:告诉,这里指命令。　④ 縻军:束缚军队的行动。
⑤ 同:共,这里指参与、干预、干涉。　⑥ 任:指挥、统率的职
责。　⑦ 乱军引胜:扰乱军队,丧失胜利。引,避开,引申为
失去。一释"引"为导致,引胜即"致敌之胜",亦通。

故知胜有五:知可以战与不可以战者
胜;识众寡之用者胜①;上下同欲者胜②;以虞
待不虞者胜③;将能而君不御者胜④。……

故曰:知彼知己者,百战不殆⑤;不知彼
而知己,一胜一负;不知彼,不知己,每战
必殆。

① 众寡:指兵力的多少。　② 同欲:意愿一致,指同心
齐力。　③ 虞:有准备、有戒备。　④ 御:原意为驾御,此处
指牵制、制约。　⑤ 殆:危殆、危险。

在古代希腊神话里,战神阿瑞斯的形象是手持锐利的长矛,能征惯战,骁勇无比的勇士;然而,在一般中国人的心目中,真正意义上的"战神",却不是那豹额环眼,有万夫不当之勇的张飞和手执双斧、所向披靡、杀人如麻的李逵,而是那羽扇纶巾、未卜先知的诸葛亮和状貌文弱、神机妙算的智多星吴用一类人物。这种传统文化心理积淀现象,启示着中国古典兵学的一个基本特征:"攻人以谋不以力,用兵斗智不斗多"(欧阳修《准诏言事上书》)。

的确,龙韬虎钤,奇谋妙策,数千年来都是无数军事理论家在构筑其兵学理论体系时最为倾心、最为投入的命题,也是响彻刀光剑影战争舞台上嘹亮的主旋律。它们的核心含义只有一个:即以谋略制敌,以最小的代价换取最辉煌的胜利。这是中国古典兵学理论最明快最深沉的主题,反映在恢宏壮丽的战争史图卷上,就是"上兵伐谋"的胜利实践贯穿于始终。

中国古代军事家重视谋略、推崇庙算绝非偶然。因为很显然,战争在很大程度上就是智谋的较量,"深谋远虑",往往便是胜利的代名词,成功的奠基石。胜利经验的启示和失败教训的警诫,使得古人情不自禁引吭高歌,"以计代战一当万","谋定事举,敌无不克","贵谋而贱战"遂成为经受住血与火洗礼的铁的规则;而兵贵用谋的极致,自然是兵圣孙武所汲汲倡导的"不战而屈人之兵"的理想境界。

孙子是中国古代历史上首屈一指的军事谋略大师,《孙子兵法·谋攻篇》是中国古代军事谋略学的奠基之作。它高屋建瓴,大气磅礴,要言不烦,主旨鲜明地揭示了用兵打仗的理想境界以及达到这一境界的必由之路。它的中心思想是论述如何运用高明的谋略,以夺取军事斗争胜利的"全胜"战略问题。以"智"用兵,以"谋"制敌,知彼知己,计出万全,宛如一条红线,贯穿于本篇的所有文字,从而使本篇成为中华智慧的化身,古典谋略的渊薮。

(一)"全胜"战略的两个层次。

战争是政治的继续,是流血与暴力的政治,它固然是社会进步、文明嬗递过程中一个不可逾越的阶梯,但是,它对物质、文化的毁耗,对人类生命的吞噬等种种严重后果也同样显而易见。所以,历史上真正伟大的军事家,出于自己的良知,对人类命运的终极关怀,都致力于在确保战略目标实现的前提下,苦苦寻觅最大限度减少战争伤亡和损失的途径,兵圣孙武就是这方面最杰出的代表。他所找到的道路即所谓的"全胜"理论,提出的具体方案便是"必以全争于天下",做到"兵不顿而利可全"。应该说,孙子这一观点曾倾迷到历史上的许多人,以至直到今天,日本孙子研究学者服部千春竟然别出心裁地把孙子的理论尊奉为"不战主义"、"和平主义"(《孙子兵法校解·自序》)。

从全篇文字来看,孙子的"全胜"思想包含两个主要层次,一是汲汲追求"不战而屈人之兵"的理想境界,二是在不得已而用兵作战的情况下,运用各种手段,尽可能地减少损失,实现"破中之全"。前者是高层次的"全胜",而后者则是相对低层次的"全胜",然而两者精华互补,相得益彰。

先说第一个层次。孙子认为,"百战百胜"并非用兵的最高境界,唯有"不战而屈人之兵",才是战争指导者所应该孜孜追求的神圣目标:"是故百战百胜,非善之善者也;不战而屈人之兵,善之善者也。"换言之,高明的战略家应该以强大的军事实力为后盾,通过高明的谋略指导,摧毁敌人的抵抗意志,不经过直接交战而使敌人完全屈服,用全胜的计谋争胜于天下,真正做到"屈人之兵而非战也,拔人之城而非攻也,毁人之国而非久也,必以全争于天下,故兵不顿而利可全",从而实现战略上的"全胜"。在孙子看来,推行"全胜"战略是理有固宜,势所必然。因为它对己方来说,代价最小;对彼方来说,反抗最弱;对普通民众来说,灾难最微;对天下来说,获益最大;对战争善后来说,后患最少,无疑是最佳的选择。这正是孙子本人用兵的出发点,也是《孙子兵法》一书立足于战争,又超越于战争的魅力之所在。

孙子的"全胜"战略思想,对后世兵家的影响是极其深远的。这表现为许多后出的兵书对这一命题的广泛推崇,详加阐发。如《六韬》就一再强调"全胜不斗,大兵无创"(《武韬·发启》);"故善战者不待张军,善除患者理于未生，善胜敌者胜于无形，上战无与战"
（《龙韬·军势》）。《尉缭子》也说："高之以廊庙之论，
重之以受命之论，锐之以逾垠之论，则敌国可不战而
服"（《战权篇》）。其他像《淮南子·兵略训》、李筌《神
机制敌太白阴经》、华岳《翠微先生北征录》等典籍在这
方面也有类似的论述。它们之间论述的侧重点虽不无
差异，论述的深度也有高低之别，但是其核心精神却完
全相一致，就是要做到"以威德服人，智谋屈敌，不假杀
戮，广致投降"（《阵纪·赏罚》），进入用兵的上乘境界。

　　孙子"不战而屈人之兵"的"全胜"战略思想，不仅
是理论上的重大建树，也得到了实践上的有力印证。从
战争历史考察，那种折冲樽俎，"上战无与战"的现象也
是曾经存在过的。仅在先秦两汉时期，就曾有墨子救宋
不以兵革；郑国烛之武夜见秦穆公劝退秦师，挫败秦晋
联军灭郑的企图；韩信采纳李左车之策遣使传檄平定燕
地；赵充国屯田备边慑服羌人等著名事例。由此可见，
战争固然是铁血的交锋，生灵的厮杀，但是在一定的条
件之下，开展正确有力的政治、外交斗争，仍有可能达到

"不战而屈人之兵"的目的。从这个意义上说,孙子的"全胜"思想具有超越时空的真理价值,绝非一厢情愿的和平空想。

当然,也需要指出的是,孙子"不战而屈人之兵"全胜战略思想终究是一种美妙的用兵理想境界。既然是理想境界,那么在现实生活中,它的实现难免是困难重重的。因为理想与现实之间,毕竟存在着巨大的鸿沟。在处理阶级之间、民族之间、集团或国家之间不可调和的对抗性矛盾之时,"不战而屈人之兵"当然是一种选择,但是这种选择并非带有普遍的意义。一般地说,只有在一方处于绝对的优势,另一方处于绝对的劣势,而绝对劣势的一方又因各种各样的原因丧失了抵抗意志的情况下,不战而胜才有可能成为现实。换言之,与大量存在的"困兽犹斗"、"负隅顽抗"等现象相比,"不战而屈人之兵"的情况毕竟十分罕见。

孙子非常清醒地认识到了这一点,所以,在本篇中他同时也注重从实际出发,立足于高明的作战指导,以期通过战场交锋来争取胜利。当然,这种胜利的出发点也完全建立在以最小的代价赢得最大的胜利认识基础之上的，即所谓"以破求全"。这乃是孙子"全胜"战略思想的第二个层次，与前一个层次相比，它更具有可操作性。

如果说，实现高层次的"全胜"的主要方法是"伐谋"（以谋略使敌人屈服）和"伐交"（以兵威慑服敌人），那么实现这一层次的"全胜"的主要手段则是"伐兵"，在一定的情况下也不排斥"攻城"。当然，这种"伐兵"与"攻城"，不是笨拙、死打硬拼的行为，而是依靠智谋奇计为指导的努力，它同样立足于对战争效果的积极追求。为此，孙子在本篇中提出了一系列正确的战术运用方针："十则围之，五则攻之，倍则分之，敌则能战之，少则能逃之，不若则能避之。"即根据集中优势兵力歼敌的原则，针对敌我兵力对比不同而采取灵活机动的战术方针，攻守得宜，迫使敌军完整地屈服。这样，孙子就使他的"全胜"战略思想得以系统化和具体化，既有了崇高的理想追求目标："不战而屈人之兵"，又具备了付诸军事斗争实践的可操作性，两者相辅相成,共同服务于"必以全争于天下"这一基本宗旨。由此可见,孙子已在理想与现实之间找到了最好的结合点,既不乏崇高追求,又能充分尊重现实。

(二)关于将帅机断指挥与"全胜"战略实现之间的内在关系。

孙子认为,要想顺利实现"全胜"的目的,重要条件之一,在于将帅的素质和能力。事情是需要人干出来的,而打赢战争除了战略决策高明之外,将帅在这中间扮演了十分重要的角色。俗话说,"千军易得,一将难求";"兵熊熊一个,将熊熊一窝"。将帅德行情操的优劣,韬略智慧的长短,指挥艺术的高下,直接关系到军队的安危,战争的胜负。因为假如统军之将弱智低能、无谋无勇,"伐谋"、"伐交"固然无从谈起,"伐兵"、"攻城"也将一事无成。所以孙子对将帅的作用地位予以充分的肯定,把它看作是保证"全胜"战略目标实现的重要条件。强调指出将帅对于国家的关系,就好比辅木对于车毂一样,辅木对车毂起着支撑的作用,它越是结实牢固,车轮的承载力就越大。同样,如果将帅在指挥千军万马时，能够切实从国家的利益出发，力求以谋制敌，以智争胜，真正做到"兵不顿而利可全"，那就一定能使军队保全，国家强盛，"夫将者，国之辅也，辅周则国必强，辅隙则国必弱"。

《孙子兵法》中有两次明确论述到将帅对于国家的重要性。第一次是在《作战篇》中，孙子提出："知兵之将，生民之司命，国家安危之主也。"第二次即本篇上述那段话。两者意思基本接近或相通，但细加琢磨，可发现孙子在说这两段话时所关注的问题其实并不相同。在《作战篇》中，孙子强调的是战争与经济的密切依赖关系，关注的是将帅如果不能把握速胜原则的话，就可能直接造成生灵涂炭，社稷危亡。而在本篇中，孙子所强调的是谋胜和全胜，关注的是将帅能否在谋胜和全胜上实现国家的战略意图。也就是说，孙子在这里强调的不仅仅是战争的胜利，而且要胜得巧妙，胜得圆满。

将帅在实现"全胜"战略过程中的地位既然如此重要，那么协调处理好将帅与国君的关系，使之辅车相依、紧密合作也就成了一个不可忽视的问题。孙子认为，在将帅和君主这一对矛盾关系中,占矛盾主导方面的是君主一方,所以要协调处理好君将关系,首先需要解决的是"将从中御"的问题。他指出君主过多地牵制将帅的行动,必然会导致败军祸国的严重恶果,这种恶果具体表现为三个方面:第一,"不知军之不可以进而谓之进,不知军之不可以退而谓之退,是谓縻军";第二,"不知三军之事,而同三军之政者,则军士惑矣";第三,"不知三军之权,而同三军之任,则军士疑矣"。要力求以谋制敌,争取"全胜",就必须克服这些弊端,而克服的途径,在于君主能真正赋予将帅机断指挥作战行动的实权,使将帅能充分发挥自己的才干,"疑人不用,用人不疑",以追求"全胜"的理想结果,"将能而君不御者,胜"。

应该说,孙子这一立足于"全胜"战略的重将任将思想是非常高明的,后世兵家中的大多数对此亦持赞同态度。曹操在注《孙子》时,引《司马法》"进退惟时,无曰寡人"之语,以表示肯定孙子的意见。宋代王晳注:"若贤明之主,必能知人,固当委任以责成效,……攻战

**韩　信**

之事，一以专之，不从中御"；何延锡注："用兵之法，一步百变，见可则进，知难而退"，若由君主在千里之外遥控指挥，必败无疑，等等。同样体现了有识之士对孙子"将能而君不御"原则的认可。史实亦证明了孙子这一原则的正确性，韩信在楚汉战争中"连百万之众，攻必克，战必胜"，白起在伊阙之战、入郢之战、长平之战中所向披靡，大获全胜，均是"将能而君不御"的有力注脚；而唐代安史之乱中，唐军统帅哥舒翰在潼关之役中全军覆没，宋代大将出征时处处按朝廷颁布的阵图行军作战，导致战事常常告负，则充分显现了"将从中御"，违背孙子忠告的恶果。

在现代战争中，由于科学技术的高度发达，后方与前方，最高统帅部与前线指挥员之间的通信联系日趋密切，使得集中指挥成为可能，但最高统帅部直接指挥的范围仍应该限于战略层次，至于战场上的战役、战斗指挥仍然需由战役战斗指挥员按照上级的作战意图，机动加以处置。在第二次世界大战中,盟军组织诺曼底登陆,这是一次重大的战略性规模的战役。在组织战役实施时,由欧洲盟军最高司令艾森豪威尔下令展开行动,美国总统罗斯福、英国首相丘吉尔并未"中御"遥控。这些事例表明,孙子"将能而君不御"原则的价值即使在现代战争中依然存在。

(三)"知彼知己"的"全胜"战略认识论基础。

在本篇中,孙子提出了"知彼知己,百战不殆"的重要观点。他认为要驾驭战争,争取"全胜"的理想结果,就必须全面了解和正确把握敌我双方的情况,预知胜负,制定正确的战略战术方针,确保自己牢牢立于不败之地,而不放过任何可以战胜敌人的机会。

然而要把"知彼知己"这一原则落到实处,真正发挥它的作用,还需要通过具体而不懈的努力,施之以高明而有效的手段。这一方法,在《计篇》之中是著名的"五事""七计",而在本篇中则是所谓的"知胜有五":"知可以战与不可以战者胜,识众寡之用者胜,上下同欲者胜,以虞待不虞者胜,将能而君不御者胜。此五者,知胜之道也。"它们正是战争指导上争取"谋胜"、"全胜"的五个条件。既包含了对客观军事力量进行综合分析的基本方面,也体现了对主观作战指导能力的高度强调,全面具体而又深刻精邃,反映出孙子在预知胜负问题上的卓越识见。

其中,"知可以战与不可以战"是用兵的前提;"识众寡之用"是用兵的枢机;"上下同欲"是用兵的政治保障;"以虞待不虞"是有备无患,即用兵的重要条件;"将能而君不御"是将权贵一,即用兵的突出环节。五者互为条件,互为作用,构成了预知胜负,实现"谋胜"、"全胜"的完整体系。

总之,以"知彼知己"为主要方式的"先胜""全胜"思想,是孙子制胜之道的出发点和基础。即定谋决策、用兵作战的前提,一个带有普遍性的军事规律,具有强大的生命力,这一点已为历史上大量的战争实践所证实。

一个例子是韩信著名的"汉中对"。楚汉战争爆发前夕,韩信曾在《汉中对》中向刘邦全面分析了楚汉双方的战略态势。他指出,项羽虽然"勇悍仁强",但他的"勇",乃是匹夫之勇;他的"仁",乃是"妇人之仁";他的"强",乃是"百姓不附,特劫于威,强服也"。因此,项羽的强大不过是表面现象,迟早要走向反面。反观刘邦,只要能反项羽之道而行之,任用天下英豪,厚待重赏功臣,利用汉军渴望东归故土的心理,并凭藉政治上"除秦苛法,与民约法三章",得到民众拥戴的优势,就可以平定关中,逐鹿中原,得志天下。韩信的分析和建议非常正确,因而为刘邦所采纳,最终夺取了楚汉战争的胜利,建立起强盛的西汉王朝。

又一个例子是日俄对马海战。上世纪初,日俄两国为争夺东北亚霸权而剑拔弩张,在中国东北地区兵戎相见,大打出手。俄国人既不知己又不知彼,竟然把日军蔑视为"乳儿军",趾高气扬地认为俄军战胜日军"易如反掌"。他们不是与日军斗智斗谋,而是与日军斗气斗性。

东乡平八郎

结果其波罗的海舰队不远数万里从大西洋绕过非洲好望角，经印度洋，过马六甲海峡，入太平洋，行驶到对马海峡，却因敌情不明、疲惫不堪，而被东乡平八郎指挥的日本海军以逸待劳打得惨败。

再一个例子是第二次世界大战初期的德法之战。二战前夕，法国军事领导人自恃有坚固的马其诺防线，狂妄自大，放松战争准备。尤其是艾仑赛元帅过高估计法军，过低估计德军，声称德军所有将领"在第一次世界大战中，没有一个曾经做过比上尉更高的官职，这是德军的一个大弱点"（利德尔·哈特《战略论》第277页）。然而结果却是法军在德军大举进攻面前，丢盔弃甲，溃不成军，法国国土也随之沦丧于纳粹的铁蹄之下。

由此可见，孙子的"知彼知己，百战不殆"的论断，确实是万古亘新的至理名言，正如毛泽东在《论持久战》中所指出的那样："孙子的规律，'知彼知己，百战不殆'，仍是科学的真理。"

# 四、形篇

本篇篇题，汉简本作《刑》。"刑"为"形"之通假字。《武经》《略解》诸本作"军形"，"军"字衍。"形"，古有器之一义。《周易·系辞上》："形乃谓之器。"韩康伯注："成形曰器。"孔颖达《正义》曰："体质成器，是谓器物，故曰形乃谓之器，言其著也。"由此可见，"形"不仅可指形于外者，也可指器物，即实质性的东西。孙子这里引入"形"的概念（范畴），所要说明的正是军事实力及其外在表现。

本篇的主旨是阐述军事实力与战争胜负的关系问题。孙子从客观物质条件决定战争胜负的基本立场出发，深刻地论述了作战指导者如何依据敌我双方物质条件的优劣,军事实力的强弱,主动灵活地采取攻、守两种不同的作战形式,以达到在战争中保全自己、消灭敌人的目的,实现自己的既定战略目标。

孙子曰:昔之善战者,先为不可胜①,以待敌之可胜②。不可胜在己,可胜在敌。故善战者,能为不可胜,不能使敌之必可胜。故曰:胜可知而不可为③。

① 为:造就、创造。不可胜:指己方不致被敌人战胜,即"立于不败之地"的意思。 ② 待:等待、寻找、捕捉的意思。③ 知:预知、预见。为:强求。句意谓胜利可以预见,但敌人有无可乘之隙,能否战而胜之,则不单纯由我方来决定。

不可胜者,守也;可胜者,攻也。守则不足,攻则有余①。善守者,藏于九地之下②;善攻者,动于九天之上③,故能自保而全胜也。

① 守则不足,攻则有余:采取防御,是由于处于劣势;采取进攻,是由于拥有优势。按,汉简本此句作"守则有余,攻则不足。"意为在同等兵力的情况下,用于防御则兵力有余,用于进攻则感到兵力不足,亦通。　② 九:虚数,古人常用来表示数的极点。汪中《述学·释三九》:"古人措辞……约之以九以见其极多。"九地,形容深不可测。　③ 九天:形容极高的天上,高不可测。

　　……古之所谓善战者,胜于易胜者①也。故善战者之胜也,无智名,无勇功②。故其战胜不忒③。不忒者,其所措必胜④,胜已败者也。故善战者,立于不败之地,而不失敌之败也。是故胜兵先胜而后求战,败兵先战而后求胜。善用兵者,修道而保法⑤,故能为胜败之政⑥。

　　① 易胜者:容易战胜的敌手,指已经暴露弱点之敌。② 无智名,无勇功:谓真正能打仗的人取得胜利,并不显露智谋的名声,也不呈现为勇武殊世的赫赫战功,而于平淡之中表

现出来。即老子所谓"大音希声,大象无形"。 ③忒:失误、差错。不忒,无差错,确有把握。 ④措:筹措,措置,措施。
⑤修道而保法:修明政治,确保各项法制得到贯彻落实。
⑥政:同"正",主、主宰。

兵法:一曰度①,二曰量②,三曰数③,四曰称④,五曰胜。地生度,度生量,量生数,数生称,称生胜。故胜兵若以镒称铢⑤,败兵若以铢称镒。胜者之战民也⑥,若决积水于千仞之谿者⑦,形也⑧。

① 度:度量土地幅员大小。张预注:"度以量地。"
② 量:计量物质资源。 ③ 数:计算兵员的多寡。张预注:"数以量兵。" ④ 称:衡量敌对双方实力之对比状况。王晳注:"权衡也。" ⑤ 以镒称铢:镒、铢,皆古代计算重量的单位。一镒为二十两,一两为二十四铢。以镒称铢,指两者相称,轻重悬殊,此处比喻力量相差悬殊,胜兵对败兵拥有实力上的绝对优势。 ⑥ 战民:指统率指挥士卒作战。民,这里

借指士卒、军队。　⑦ 千仞：形容极深极高。仞,古代长度计算单位,七尺(一说八尺)为一仞。　⑧ 形：喻指军事实力。本书《势篇》："强弱,形也。"

　　本篇全面系统地论述了军事实力在战争中的地位和作用,以及军事实力运用的原则和实力建设的方法、途径诸问题。具体地说,"先为不可胜,以待敌之可胜","胜兵先胜而后求战","胜兵若以镒称铢"是实力政策;"守则不足,攻则有余",即"强攻弱守"是对军事实力的战略运用;"修道而保法"是发展军事实力的基本原则;而"善战者之胜也,无智名,无勇功","胜于易胜","不忒者,其所措必胜,胜已败者也"则是实现实力政策所要达到的上乘境界。孙子认为,战争指导者必须依据敌我双方物质条件的优劣,军事实力的强弱,灵活机动地采取攻、守两种不同形式,"以镒称铢","决积水于千仞之谿",以达到在战争中保全自己,消灭敌人的目的。

　　军事实力是军队综合战斗力的具体表现,也是战争的物质基础。在军事斗争中，奇谋妙计固然起着举足轻重的作用，但是，从根本上讲，强大的军事实力才是真正决定战争胜负天平上的砝码。因为不仅"伐兵"、"攻城"离不开一定的军事实力的巧妙运用，就是"伐谋"与"伐交"也必须要以雄厚强大的军事实力作为后盾。综观古今中外的战争历史，无一不是力量强大的一方战胜力量弱小的一方，即使本来是弱小的一方，要最后战胜力量强大的一方，也是由于通过各种途径，逐渐完成优劣强弱态势的转换，使自己的力量最后从总体上超过了最初力量强大的一方而实现的，这是战争活动中不以人们主观意志为转移的一般规律。"诸葛大名垂宇宙"，但不论诸葛亮怎样足智多谋，兢兢业业，殚精竭虑，鞠躬尽瘁，"三分割据纡筹策"，"两朝开济老臣心"，五月渡泸，深入不毛，六出祁山，北伐中原，但到头来依然是"出师未捷身先死"，未收到明显的效果，就是因为蜀汉与曹魏实力之比，实在过于悬殊，"巧妇难为无米之炊"，徒令后人一掬惋惜、同情之泪。隋朝杨坚一举灭亡南朝陈国，完成南北统一，除了战略决策高明，作战指挥卓越之外,主要原因也在于隋朝包括军事在内的综合实力较之于陈朝的力量,好比是"以镒称铢",占有压倒性的优势。

显而易见,在孙子看来,战争的主动权取决于强大的军事实力,而实力不但是军队的精神因素,更是综合国力的集中体现,离开了这一点,奇谋妙策再多再好,也不能掌握驾驭战争的成败。毫无疑问,孙子在本篇中所揭示的实力为战争胜负之本的道理,是完全符合军事斗争的内在规律的。而孙子能对这一问题抱有清醒的认识,并用专门的篇章加以深入详尽的探讨,这本身就说明了其军事思想注重实际、尊重客观的科学理性精神。

既然敌我力量对比对战争胜负结果具有关键性的意义,孙子便明确提出了"先为不可胜"的思想,把确立自己的优势主动地位,作为从事战争的首要前提。孙子认为,战争指导者的首要任务,是设法确保自己的军队在作战行动中先立于不败之地,"先为不可胜","不可胜在己",做到"胜兵先胜而后求战"。在此基础上,再积极寻求和充分利用敌人的可乘之机,即所谓"以待敌之可胜"，"不失敌之败也"，一旦时机成熟，条件许可，便果断坚决地采取行动，乘隙蹈虚，以压倒性的优势，给予敌人以致命的打击，"故胜兵若以镒称铢"，"胜者之战民也，若决积水于千仞之谿者，形也"。认为唯有如此，才是真正"能为胜败之政"，成为战争胜负的主宰。应该说，这一作战指导思想是带有普遍指导意义的，是军事斗争的通则。任何国家，任何军队要想在激烈的斗争中有所作为，夺取胜利，都必须先做好最充分的准备，不打无准备之仗，"先胜而后求战"，否则势必打糊涂仗，到头来一败涂地。

认识到军事实力在战争中的重要地位和作用，并不等于顺理成章拥有了强大的军事实力，更不意味着能够淋漓尽致地运用和发挥自己的实力，在战场交锋中所向披靡，战无不胜。用孙子自己的话说，便是"不能使敌之必可胜"，"胜可知而不可为"。孙子之所以高明，见识远远胜过其他军事家，乃在于他在宏观上认识战争中军事实力的地位作用的基础上，又系统论述了运用军事实力的原则和建设实力的方法、途径等诸多问题，从而使自己以实力致胜的理论体系完整,逻辑严谨,具有充分的说服力和深刻的启示性。

如何在战争中牢牢地确立自己的优势主动地位,孙子高屋建瓴地提出了一系列正确对策。要略言之,大致包括以下几个方面:

第一,"修道而保法",从政治上加以具体的保证。

所谓"道",就是和谐的秩序,清明的政治,调动普通士卒和广大民众的参战积极性,即《计篇》中所提到的"令民与上同意也,故可以与之死,可以与之生,而不畏危",从而造就同仇敌忾、举国一致的理想政治局面。所谓"法",就是严格的法制,正确的法纪。具体地说,即赏罚公正严明,军队上下有序,士卒训练有素。由此可见,"修道而保法"的核心,就是修明政治,健全法制,提高军队的凝聚力,鼓舞全国民众的士气,为夺取战争主动权创造必要的前提条件。

第二,对敌我双方的实力进行认真的综合对比分析,在此基础上预见胜负,指导战争。

预知胜负,是高明军事家正确指导战争的必有之义。孙子十分重视这一问题,在《计篇》中即开宗明义加以深刻的阐述。本篇的主旨是探讨军事实力的地位作用以及运用原则,因此同样要把衡量比较军事实力列为重要的环节。孙子在这里提出了如何综合对比衡量双方军事实力的具体标准,这就是"度"、"量"、"数"、"称"、"胜","地生度,度生量,量生数,数生称,称生胜",即从双方的所处地域位置,地幅面积大小,物质资源丰瘠,兵员数额多寡等客观情况,来比较分析双方军事实力的强弱关系,并进而正确地预见战争胜负的趋势乃至归属。按孙子的理解,实力上占有绝对优势的一方,是可以所向无敌、横扫一切的:"胜兵若以镒称铢,败兵若以铢称镒。"孙子认为"度、量、数、称、胜"五个方面依次相生、层层递进,链条式的因果关系,具有法则的性质。所以要增强自己的军事实力,就必须使自己的主观愿望符合这种客观的规则,紧紧围绕这个因果关系来从事自己的军事实力建设。

第三,根据战场情势的变化,采取相宜的攻守策略,主动灵活地打击敌人,顺利实现敌我双方军事实力对比的转化。

　　一般地说,受种种主客观条件的制约,在临战之前,双方的力量对比尽管有强弱之别,但并非是一成不变的,所以,作为战争指导者,要善于根据战场情势,发挥主观能动性,采取正确高明、行之有效的措施和方法,使己方的军事实力得以充分的施展,已有优势则进一步加强之,若处劣势则设法改变摆脱之,务求处处高敌一筹,方能稳操胜券。

　　在这个过程中,如何采取适当的作战样式,乃是一大关键。进攻与防御,是作战的两种最基本样式,两者各有自己的功能,一般地说,"不可胜者,守也;可胜者,攻也"。高明的战争指导者应该按照"守则不足,攻则有余"的作战规律,从自己现有的军事实力条件出发,灵活主动地实施进攻或进行防御。若是实施防御,要善于隐蔽自己的兵力,"藏于九地之下",令敌人无法可施;一旦展开进攻,则要做到"动于九天之上",使敌人猝不及防。总之,当在自己力量不足,或者时间和地点都不利,不具备战胜敌人的可能的情况下,就要实施防御;反之,当自己力量占有明显的优势,时间和地点均有利,具备了战胜敌人的条件,这时便要展开进攻。而切切不能一厢情愿地从主观意愿出发,想要进攻就进攻,不想进攻就防御,以至陷入进退维谷、攻守失据的被动地位。孙子进而强调指出,只有在攻守问题上真正做到因敌变化,随机处宜,才算是完全掌握了灵活机动的指挥艺术之精髓。这时无论是实施进攻,抑或进行防御,都可以得心应手,从容自如,无往而不胜,"故能自保而全胜"。孙子认为,这乃是高明运用军事实力的重要途径,能够进入自由用兵的理想境界:"战胜不忒","所措必胜"。

孙子关于攻守问题的阐述,体现了极其深刻的军事哲理,因而为后世兵家所继承和发挥。《唐太宗李卫公问对》所说的"指画攻守,变易主客",就是对孙子在本篇中的"攻守"观的深化。其书透彻地分析了攻与守之间相互依存、相互转化的关系,提出了"攻是守之机,守是攻之策,同归乎胜而已矣"等一系列重要论断,认为"攻守一法",进攻与防御既对立统一又相互转化,强调攻守的成败之关键是掌握主动权。从而创造性地发展、丰富了孙子的攻守理论。

值得注意的是,两千多年之后,西方近代杰出军事学家克劳塞维茨在《战争论》一书中,就攻守问题也得出了和孙子同样的结论。他说:"假定使用的是同一支军队,进行防御就比进攻容易。"防御这种作战形式,就其本身来说,比进攻的作战形式要显得优越。这是因为防御者可以得到的"待敌之利和地形之利","不仅仅是指进攻者在前进时所遇到的种种障碍(如陡峭的山谷、高山峻岭、两岸泥泞的河流、成片的灌木林,等等),而且是指那些能使我们隐蔽的配合军队行动的地形"。因此,"在力量弱小"时就不得不采用防御的作战样式,"一旦力量强大到足以达到积极的目的时,就应该立即放弃它⋯⋯所以以防御开始而以进攻结束,是战争的自然进程"。克劳塞维茨的这些见解,比孙子的结论晚了两千多年,但他们所揭示的却是同一个真理。由此可见孙子的卓识和《形篇》的价值。

《形篇》重视军事实力在战争中的地位作用的观

点,以及相关的实力建设与运用思想,充分反映了战争活动的客观规律和内在要求,因此能够超越时空,为历代兵家所推崇和尊奉。《司马法·定爵》云:"大军以固,多力以烦,堪物简治,见物应卒,是谓行豫。"《商君书·画策》称:"能胜强敌者,先自胜者也。"宋代苏洵有言:"凡战之道,未战养其财,将战养其力,既战养其气,既胜养其心"(《嘉祐集》卷二,《权书上·心术》)。等等。所反映的实际上均是重视实力建设,"先为不可胜"的理性观念。而历史上不少有成就的军事指挥家,他们之所以能在战场上叱咤风云,战胜攻取,青史垂名,受人崇拜,除了他们作战指导高明、韬略奇谋超群之外,重视军事实力的建设和运用,做到"胜兵先胜而后求战",当是非常重要的原因。

例如,战国时期僻处西隅的秦国之所以能后来居上,在对山东六国的兼并战争中捷报频传,所谓"秦王扫六合,虎视何雄哉,挥剑决浮云,诸侯尽西来",最终吞并六国,一统天下,原因固然很多,但关键的一条是其统治者"振长策而御宇内",坚持不渝地把发展军事实力放在首要的位置,奖励耕战,厉行赏罚,拥有一支人见人怕的"虎狼之师",所谓"齐之技击不可以遇魏氏之武卒,魏氏之武卒不可以遇秦之锐士"(《荀子·议兵》)云云,实际上就是秦国较之于山东六国占有实力优势的一个缩影,也是秦国最后能统一全国,开创历史新篇章的具体注脚。

又如,战国晚期赵国名将李牧在抗御北方匈奴的作战中,也是根据先备后战,"先为不可胜,以待敌之可胜",然后及时出击的原则而屡败匈奴的。即平时就做好各种战斗准备,这包括根据实战需要来设置军职;辖区内的租税收入归大本营统一掌管,作为士兵粮饷的来源;强化将士骑马射箭等训练,提高其军事素质;完善烽燧报警设施的管理,扩大情报来源,等等。在总体实力得到全面提高的基础上,李牧选强汰弱,重新组建起一支拥有一万余辆战车、一万余匹战马,十万弓箭手,五万敢死之士的强大军队,将它投入战场后,犹如猛虎下山,势不可挡,使曾经骄横一时的匈奴贵族遭到沉重的打击。

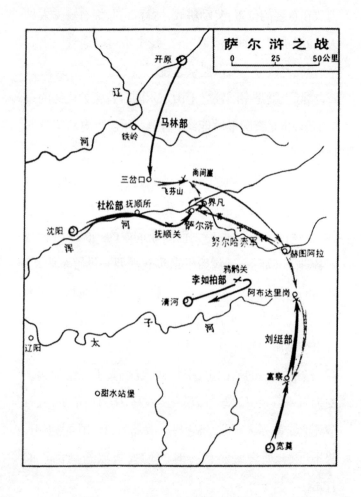

再如后金天命四年(1619)爆发的与明朝重兵在萨尔浒(今辽宁抚顺东)的战争中,后金仅以六万八旗军,在其首领努尔哈赤的指挥下,按照"凭尔几路来,我只一路去"的方针,集中优势兵力,各个击破,在短短五天之内连败三路明军,歼灭明军十余万人,夺取了整个辽东战场的主动权,赢得具有战略意义的胜利,同样是孙子"善攻者,动于九天之上"、"立于不败之地,而不失敌之败"、"胜兵先胜而后求战"等自保全胜原则运用于实战的典范。其他像隋文帝弱敌强备、以镒称铢攻灭陈国,明末袁崇焕守而后战力拒后金铁骑,李自成机动灵活屡屡重创明军,等等,也都是孙子军事实力论思想在不同历史时期的具体印证。

与上述情况相对应,历史上也有不少因违背孙子军事实力运用原则而导致失败的战例。像明英宗听信宦官王振的蛊惑,在未作必要军事准备的情况下,轻举妄动,冒然出击瓦剌,希冀侥幸求胜,结果酿成"土木堡之变",丧师辱身,沦为俘囚,就是"败军先战而后求胜"的典型例子。正反两方面的经验教训昭示:孙子所揭示的军事实力理论的确是不朽的真理。

孙子注重实力建设的思想,对于人们在今天从事其他社会领域的工作也是颇具启迪意义的。现代社会是一个竞争的世界,人人都在为自己的生存与发展进行激烈的竞争,一旦失败,就意味着出局。为了避免这样的悲剧,就一定要力争使自己处于主动地位,参与竞争,赢得竞争。而要做到这一点,关键在于自己拥有雄厚的实力,所谓"有了金刚钻,才揽瓷器活",并善于巧妙运用自己的实力。在这个过程中,孙子永远是我们的良师益友。

## 五、势篇

本篇篇题,汉简本作"埶","埶"为"势"的古字。《武经》本作《兵势》,"兵"字当为《武经七书》编者所臆增。

本篇与前篇《形篇》为姊妹之篇,主要论述在强大的军事实力的基础上,发挥将帅的杰出指挥才能,积极创造和利用有利的作战态势,主动灵活、出奇制胜地打击敌人,夺取战争的胜利。

"势"是中国古代兵学理论中的一个重要范畴。除孙子以"势"立篇,对"势"作专门深入的阐发外,其他兵家对这一问题亦无不予以高度重视。如孙子后裔、战国时期的孙膑就以"贵势"而著称于世(见《吕氏春秋·不二》),山东临沂银雀山 1972 年出土的《孙膑兵法》竹简中就有一篇名为《執(势)备》。又如战国晚期成书的集大成性质兵书《六韬》就强调,古之善战者,"具成与败,皆由神势"。所有这些,都表明"势"在中国古代兵学中的重要地位。

在孙子看来,所谓"势"就是指军事力量合理的积聚、运用,充分发挥威力,表现为有利的态势和强大的冲击力。换言之,即战争指导者根据一定的作战意图,灵活地部署使用兵力和正确地变换战术所造成的有利作战态势。本篇是孙子"势"论的集中体现,包含有"势"的定义,主要外在表现形态,实施的条件("奇正")以及具体的手段("示形动敌")等等。内容丰富,逻辑严谨,思想深邃,形象生动,充满着辩证思维精神,在军事学术史和哲学发展史上都具有非常珍贵的价值。


孙子曰:凡治众如治寡,分数是也①。斗众如斗寡,形名是也②。三军之众,可使必受敌而无败者,奇正是也③。兵之所加,如以碫投卵者④,虚实是也⑤。

① 分数:指部队的组织编制。曹操注:"部曲为分,什伍为数。"分,分门别类。数,人数、数额。 ② 形名:古代军队作战时使用的旌旗、金鼓等指挥工具。曹操注:"旌旗曰形,金鼓曰名。"此处引申为指挥。 ③ 奇正:古代兵法常用术语。其含义非常广泛。一般以常法为正,变法为奇,它包括正确使用兵力和灵活变换战术两个方面。详见下文讲评。④ 碫:磨刀石,此处泛指坚硬的石头。 ⑤ 虚实:古代兵法常用术语。指军事实力上的强弱、优劣、众寡、真伪。有实力为"实",反之为"虚";有备为"实",无备为"虚";体整良好为"实",疲散松懈为"虚",等等。

凡战者,以正合,以奇胜①。故善出奇者,无穷如天地,不竭如江河。……声不过五,五声之变②,不可胜听也。色不过五,五色之变③,不可胜观也。味不过五,五味之变④,不可胜尝也。战势不过奇正⑤,奇正之变,不可胜

穷也。奇正相生[6]，如循环之无端[7]，孰能
穷之？

① 以正合，以奇胜：以正兵合战，以奇兵制胜。　② 五
声：古人将宫、商、角、徵、羽五个基本音阶称为五声，相当于
今之 do、re、mi、so、la，加上变徵（fa）、变宫（si）两个音即为七声
音阶。　③ 五色：古人以青（蓝）、赤（红）、黄、白、黑五种基
本颜色为五色（正色）。　④ 五味：指甜、酸、苦、辣、咸五种基
本味道。　⑤ 战势：指具体的兵力部署和作战方式。
⑥ 奇正相生：意谓奇正之间相互依存，相互转化，变化无穷。
⑦ 循：顺着。环：圆环。

　　激水之疾[1]，至于漂石者，势也；鸷鸟之
疾[2]，至于毁折者[3]，节也[4]。是故善战者，其势
险，其节短。势如彍弩[5]，节如发机[6]。

① 激：湍急。疾：迅猛、急速。　② 鸷鸟：猛禽，如鹰、
鹏、鸢之类。③ 毁折：折物。此处指猛禽捕捉擒杀鸟雀。

④ 节：节度，指动作爆发得既迅捷、猛烈，又恰到好处。

⑤ 彍弩：张满待发的弓弩。彍，把弩弓拉满的意思。　⑥ 发机：引发弩机的机组，将弩箭突然射出。机，即弩牙，类似现代枪械上的扳机。

纷纷纭纭①，斗乱而不可乱也；浑浑沌沌②，形圆而不可败也③。乱生于治，怯生于勇，弱生于强④。治乱，数也；勇怯，势也；强弱，形也。故善动敌者：形之⑤，敌必从之；予之，敌必取之；以利动之，以卒待之⑥。

① 纷纷纭纭：形容旌旗杂乱翻卷。　② 浑浑沌沌：形容战场上尘土飞扬，迷茫一片。　③ 形圆：指摆成圆阵，保持态势，周到部署，首尾连贯，与敌作战应付自如。　④ 乱生于治，怯生于勇，弱生于强：意谓示敌混乱在于我之严整，示敌怯懦在于我之勇敢，示敌软弱在于我之坚强。梅尧臣注："治，则能伪为乱；勇，则能伪为怯；强，则能伪为弱。"　⑤ 形：用作动词，即示形，示敌以伪形，指以假象迷惑、欺骗敌人，使其判

断发生失误,为我所乘。 ⑥ 以卒待之:用重兵伺机破敌。卒,士卒,此处可理解为伏兵、重兵。

　　故善战者,求之于势,不责于人①,故能择人而任势②。任势者,其战人也,如转木石……故善战人之势,如转圆石于千仞之山者,势也。

　　① 责:求、苛求。 ② 择:选择简拔。一说,"择"训"释",意谓不强求人力。任:任用、利用、掌握驾驭的意思。势:指在"形"(军事实力)的基础上,发挥将帅的主观能动作用,从而造成的有利积极的作战态势。

　　"势",即"兵势",是中国古代兵学的一个重要范畴。讲的是战争指导者根据一定的作战意图,灵活地部署使用兵力和正确地变换战术所造成的有利作战态势。孙子本人曾用十分形象的比喻来说明"势"的基本特征,"善战人之势,如转圆石于千仞之山者,势也";又说

"激水之疾,至于漂石者,势也。"孙子认为,合理的编组,有效的指挥,灵活的战法,虚实的运用,这四者乃是"造势"、"任势"的客观基础;而快速突然和近距离接敌,造成险峻的态势,把握恰到好处的战机,采取猛烈而短促的行动节奏,则是"造势"、"任势"的应有之义和外在表现。即所谓"善战者,其势险,其节短。势如彍弩,节如发机"。

孙子指出,要造成有利的作战态势,关键之一在于妥善解决战术变换和兵力使用上的"奇""正"变化,"战势不过奇正",把它看成是"造势"、"任势"的基本条件。

"用兵之钤键,制胜之枢机"(王皙注),这是古人对"奇正"的地位和价值最富有诗意的评论。"奇正"的概念最早见于《老子》,"以正守国,以奇用兵",但真正把它引入军事领域并作系统阐发的第一人,则是孙子。"奇正"的含义十分丰富,一般地说,常法为正,变法为奇。在兵力使用上,用于守备、相持、箝制的为正兵,用于机动、预备、突击的为奇兵;在作战方式上,正面进攻、明攻为正兵,迂回、侧击、暗袭为奇兵;在作战方法上,按一般原则实施作战为正兵,采取特殊战法破敌为奇兵;在战略态势上,堂堂正正进兵交锋为正,突然袭击、出其不意、诡谲诈伪为奇。

在孙子那里,对"奇正"的变化运用的论述,乃是以"因敌制胜"原则为出发点的。在本篇中,他用精粹生动的语言揭示了"奇正"的基本含义:凡是展开军事行动,无论是进攻还是防御,在兵力使用上,一般要用正兵当敌,用奇兵制胜,即所谓"以正合,以奇胜"。而在战术变换上,则要做到奇正相生,奇正相变,虚实莫测,变化万端,即所谓"战势不过奇正,奇正之变,不可胜穷也"。在孙子看来,军事指挥员如果能根据战场情势的变化来灵活理解和巧妙运用"奇正"战术,做到战术运用上正面交锋与翼侧攻击相结合,兵力使用上正兵当敌与奇兵制胜相互补,作战指挥上"常法"与"变法"交替使用恰当适宜,那么就算是真正领会了用兵打仗的奥妙,也为"造势"、"任势"创造了必要的条件。总之,一切都应该从实际出发,当正则正,当奇则奇,因敌变化,应付自如,从而进入驾驭战争规律的自由王国。

　　孙子确立"奇正"这一重要范畴后,后世兵家无不奉为圭臬,广为沿用和阐述。如《孙膑兵法下编·奇正篇》说:"形以应形,正也;无形而制形,奇也。"《尉缭子·勒卒令》讲:"正兵贵先,奇兵贵后。或先或后,制敌者也。"曹操《孙子注》有云:"正者当敌,奇兵从傍击不备也。"前者是孙子"奇正"第二层意思(灵活变换战术)的表述,后两段文字则是孙子"奇正"第一层意思(合理部署、使用兵力)的阐说。而到了《唐太宗李卫公问对》那里,"奇正"范畴的内涵则有了新的丰富和发展。它对"奇正"论述更完备,分析更透彻,提出了不少重要论断:"善用兵者,无不正,无不奇,使敌莫测。故正亦胜,奇亦胜。三军之士,止知其胜,莫知其所以胜。""以奇为正者,敌意其奇,则吾正击之;以正为奇者,敌意其正,则吾奇击之。使敌势常虚,我势常实。"这比孙子的"奇正"理论显然更丰富,更全面。但它归根结底仍是祖述和发展《孙子兵法》的逻辑结果。

　　本篇的第二层重要意思,是提倡"造势"和"任势"。即积极发挥将帅的主观能动性,使己方的军事潜能得到最佳的凝聚和施展,掌握作战的主动权,形成强大无比的战斗力:"善战者,求之于势,不责于人,故能择人而任势。"在此基础上主动灵活地打击敌人。

"善战者,其势险,其节短",这充分表明,孙子在重视造势、任势以夺取主动权的同时,还具体考虑到"势"与"节"的关系,注意到以"节"制"势"的问题。他认为"势"与"节"两者之间互为关系,相辅相成。有"势"而无"节",不能发其机;有"节"而无"势",则不能逞其威。"势"要险,即应该快速、突然、迅猛;"节"要短,即应该近距离发起最猛烈的攻击,"势如彍弩,节如发机"。可见只有做到节量远近,掌握时机,把捏分寸,正中其宜,才能够充分发挥"势"的强大威力,使任何敌人遇之者毁,触之者折,抗之者灭。正如《六韬·龙韬·军势》所形容的那样:"故智者从之而不释,巧者一决而不犹豫。是以疾雷不及掩耳,迅电不及瞑目,赴之若惊,用之若狂,当之者破,近之者亡,孰能御之?"从而真正拥有战场上"致人而不致于人"的主动地位。总之,在"造势"、"任势"的过程中,要善于控制距离,捕捉战机,予敌人以最致命的打击。

本篇的第三层含义，是孙子明确指出了"造势"和"任势"的主要手段——巧妙"示形"，机智"动敌"，即用谋略迷惑欺骗敌人，调动控制敌人，从而达到消灭敌人，保全自己的目的。

战场上两军对垒，生死搏杀，敌我双方在主观上都毫无例外地致力于"造势"、"任势"，以争取主动的地位，但是谁能够成功地做到这一点，关键之一，就在于谁能够真正广施权变，示形动敌，出奇制胜，所谓"能相地势，能立军势，善之以技，战无不利"（《兵法百言·智篇·势》），就是这个道理。

"兵者诡道"，"兵以诈立"。在残酷的沙场铁血较量中，如果同敌人讲什么信义，比什么道德，行什么仁慈，那么就会成为宋襄公一类的蠢人笨伯，丧师辱国，亡不旋踵，为天下笑。正确的做法，无疑应该是真真假假，虚虚实实，正正奇奇，以迷惑对手，使其如坠云雾之中，计无所出，力无所施，从而确保自己把握主动，左右战局，夺取胜利。孙子把这种四两拨千斤的高超方法，概括为"示形""动敌"。本篇和下篇《虚实篇》正是论述"示形"的精彩文字。

所谓"示形",就是伪装和欺骗,即隐蔽真相,诈示假象,诱使敌人中计上当。所谓"动敌",就是实施机动,调动敌人,即让敌人由自己牵着鼻子走,最后陷入失败的命运。这用孙子自己的话说,就是"善动敌者,形之,敌必从之;予之,敌必取之。以利动之,以卒待之"。在这里,"示形"是"动敌"的前提与基础,而"动敌"乃是"示形"的自然结果。成功的机动是"造势"、"任势"的关键,其目的在于创造和利用敌人的过失和弱点,积极争取主动,形成优势的地位。

孙子指出,示形动敌必须具备一定的条件。这个条件就是自己首先要做到组织编制严整,将士素质优良,整体实力强大,即所谓"乱生于治,怯生于勇,弱生于强。治乱,数也;勇怯,势也;强弱,形也"。只有具备了这样的前提条件,军队欺敌误敌,实施机动才有可靠的保障。在这基础上,战争指导者发挥主观能动性,制造假象迷惑敌人,施以诱饵调动敌人,然后集中优势兵力,伺机攻击敌人，"以利动之，以卒待之"，我军处处主动，而敌人处处被动，从而百战百胜，所向无敌。

值得附带指出的是，《老子》曾经说过："将欲歙之，必固张之；将欲弱之，必固强之；将欲废之，必固兴之；将欲夺之，必固予之。"（三十六章）孙子的示形动敌之法与《老子》之言颇有相通吻合之处，这表明孙子高明兵学理论的形成，乃是充分借鉴汲取前人思想精华的结果。这种文化上的继承发展现象应引起我们足够的重视。

孙子还认为，一旦掌握了"奇正"变化，具备了"造势"、"任势"的条件；又合理拿捏住"势"与"节"的分寸，具备了"造势"、"任势"的尺度；再加上做到了巧妙的"示形动敌"，具备了"造势"、"任势"的手段，那么，"造势"、"任势"也就水到渠成，呼之欲出了，有利的作战态势便完全造就，战场的主动权便自然到手，便可"转圆石于千仞之山"，所向披靡，无往而不胜。

综上所述，孙子的"势"论，包含有"势"的定义，主要外在表现形态，实施的条件（"奇正"），运用的分寸

(以"节"制"势")以及具体的手段("示形动敌")等等，充满着朴素唯物辩证法的精神，对军事学作出了重要贡献。

征之于史，孙子"势"论的重要意义也一再得到过无数战例的证实。战国后期秦、赵长平之战中双方指挥上的优劣得失，就是对本篇基本精神的最好诠释之一。在这场关系到战国战略格局演变方向的决定性战役中，秦国统治者的正确战略和高超计谋，使秦国具备了战胜赵国的可能，而"战神"白起的杰出军事指挥艺术，则使得这种可能转化为现实。身为秦军主帅的白起用兵如神，"以正合，以奇胜"，使秦军"必受敌而无败"。在整个作战过程中，白起善于"造势"、"任势"，"其势险，其节短"，注重"示形"动敌，以利引诱赵军主力脱离大营，轻易出击，而白起"以卒待之"，实施正面相持，奇兵及时从侧翼进攻，并用轻骑阻隔赵军主力与大营的一切联系，将赵军重重包围起来，最后聚歼赵军四十五万之众。而秦昭王在关键时刻任命白起为主帅，也做到了"择人而任势"，为秦军的取胜提供了保证。经此一战，秦国制服了关东六国中最后一个有实力的对手,为日后完成统一大业奠定了坚实的基础。从这个意义上说,长平之战作为经典战例在沙场上再现了孙子"势"论的风采神韵和无穷魅力。

孙子"势"论的基本原则,与世界战争史上不少战例的成功经验也不无息息相通之处。例如,第二次世界大战中德国法西斯闪击波兰,一举成功,其精神实质就在很大程度上与孙子"造势"、"任势"的原理相一致。

闪击波兰,是希特勒发动第二次世界大战的序战,希特勒同历史上的诸多战略家一样,极为重视序战的准备与实施。1939 年 4 月 11 日,希特勒就批准了闪击波兰的"白色计划"并下达了进入直接战争准备的命令。为了隐蔽战略企图,希特勒在政治、军事、外交上全方位展开战略欺骗,示假隐真,麻痹波兰当局,在"和平""友好"烟幕的掩护下,德军以"秋季演习"、"野营训练"、"开庆祝会"等形式为幌子,悄悄完成了闪击波兰的军队集中与展开,为达成战略进攻的突然性创造了条件。这是孙子"示形"理论在现当代的典型翻版。

在具体实施闪击波兰的作战方案时,希特勒又十分坚决地贯彻了三条基本作战原则:第一,集中优势兵力,以主力参加首次战略突击。德军闪击波兰时,共有101个陆军师,4000架飞机。除留出39个师分别部署在德国同法、卢、比、荷四国的边境附近担负防御任务和在占领国留守外,集中62个师用于闪击波兰,而又以这些兵力的主力参加首次战略突袭。这样一来,当德国法西斯陆、海、空三军铺天盖地,犹似决了堤的洪水一般涌入波兰时,拘泥于常规战法、"南守北攻"、沿国境线一线配置部署的波军,便完全丧失了抵抗能力,迅速陷于全线崩溃。

第二,发起大规模突然空袭,迅速瘫痪波兰军队的指挥、动员、交通体系。突然空袭,是德军从一开始就夺取战略主动权和保持战略优势的主要手段。德空军集中起2000多架飞机,突然对波兰实施战略空袭,很快摧毁了波兰的主要机场和作战飞机,夺取了制空权,完全打乱了波兰的指挥、通信体系,彻底瘫痪了交通,破坏了波兰的动员体系,使波兰动员计划仅进行一天,就在战争的当日遭到扼杀,致使波军40个师、22个旅仅有半数部队在缺员严重、装备不齐的情况下仓猝应战,严重地影响了波军战斗力的正常发挥。

第三,"飞行炮"与"锋刀"密切配合,实施不间断的高速进攻,乘胜追击,一举而克。把航空兵的空中突击当作"飞行炮",有力支援陆军的"锋刀"——坦克集群实施不间息的高速进攻,是德军闪击波兰之战中的显著特点。当时德军统帅部高度重视法国军事学家富勒的"装甲战"理论,并把它全面应用于大规模实战,他们将仅有的七个坦克机械化师、四个摩托化师混编组成四个坦克军,全部用于闪击波兰,作为主要突击集团的"锋刀",在"飞行炮"的有力支援下,引导步兵军团实施高速进攻,仅仅八天就逼近波兰首都华沙。军事思想陈旧落后,缺乏防空和反坦克武器的波军,面对德军这种"以碬投卵"式的凶猛突击,计无所出,力无所施,束手无策,一筹莫展,在万般绝望之下,竟然用骑兵集团向德军无坚不摧的坦克兵团进行反击,以人、马的血肉之躯去与坦克这种庞大的钢铁巨兽厮杀,导演了用"鸡蛋碰石头"的悲剧。

1939 年 9 月 1 日,德军闪击
波兰,轰炸华沙

　　由于德军采用了上述三项作战原则,而波军又根本找不到任何应对之策,这场德国闪击波兰的战事之结果也就可想而知了。战事甫起,波兰全国上下即陷于一片混乱,波军节节败退,一溃千里,不到 27 天即全军覆灭,波兰作为一个主权国家,也在 32 天内亡国。

　　从德国纳粹军闪击波兰的战略部署与作战指导中,我们可以发现,排除其不正义因素,仅从兵法上来讲,它完全能用来诠释孙子"势"论在当代战争中的价值与意义:德军主力全线压上,空袭与陆军坦克集团配合默契,是所谓"奇正之变"、"奇正相生";"兵之所加,如以碬投卵者",是充分的"造势"和"任势"。而德军猛烈的空袭,排山倒海,毫不间断的进攻,则犹如孙子所说"其势险,其节短,势如彍弩,节如发机","激水之疾,至于漂石",无坚而不摧。但是,这只是一个战役的胜利,由于希特勒的法西斯主义倒行逆施,与世界人民为敌,用孙子《计篇》"主孰有道"的标准来衡量,其最终失败也是不可避免的。

# 六、虚实篇

本篇篇题,竹简本作"实虚",误倒。虚实:"虚"即
空虚,指兵力分散而薄弱;"实"即充实,指兵力集中而
强大。虚实,同时也指作战行动中虚虚实实,示形伴动
等手段。曹操注:"能虚实彼己也。"李筌注:"善用兵
者,以虚为实;善破敌者,以实为虚。"杜牧注:"夫兵者,
避实击虚,先须识彼我之虚实也。"皆是旧时注家对孙
子"虚实"涵义的正确理解。

本篇的主旨是论述军事上避实击虚的作战规律问
题,也就是在作战中如何掌握虚实,如何转化虚实,如何
运用虚实的一般规律。孙子在这里强调要通过对"虚"
"实"关系的全面认识和把握,来夺取战争的主动权,即

"致人而不致于人"。

本篇文字较长,但条理分明,层层递进,名句迭出,妙语横生,变化无穷,出神入化,把避实击虚的规律阐述得淋漓尽致,完备无瑕,既符合人们思维逻辑的认识过程,又符合军事家实际谋敌杀敌的作战过程,同时又给人以智慧的启迪和美的享受,真可谓是一篇千古奇文。

孙子曰:凡先处战地而待敌者佚①,后处战地而趋战者劳②。故善战者,致人而不致于人③。能使敌人自至者,利之也;能使敌人不得至者,害之也④。故敌佚能劳之⑤,饱能饥之,安能动之。

①处:占据,占领。佚:即"逸",安逸、从容。 ②趋:奔赴,这里是仓促、猝然的意思。 ③致人:调动敌人。致,招致、引来。致于人:为敌人所调动。 ④害:妨碍、阻挠。 ⑤能:乃、于是、就。

出其所不趋①,趋其所不意。行千里而不劳者,行于无人之地也。攻而必取者,攻其所不守也;守而必固者,守其所不攻也。故善攻者,敌不知其所守;善守者,敌不知其所攻。……

① 出其所不趋:意谓出兵要指向敌人无法救援的地方,即击其空虚。不,不能、无法、无从。

进而不可御者,冲其虚也①;退而不可追者,速而不可及也②。故我欲战,敌虽高垒深沟,不得不与我战者,攻其所必救也③;我不欲战,画地而守之④,敌不得与我战者,乖其所之也⑤。

① 冲:冲击,袭击。 ② 及:赶上,追上。 ③ 必救:必定救援之处,喻指利害攸关之地。 ④ 画:指画出界线。句意谓在地上随便划出一条界线即可防守而不必筑垒设防,比

喻防守非常容易。　⑤乖：违、背离、相反，这里是改变、调动的意思。之：往。

　　故形人而我无形①，则我专而敌分②；我专为一，敌分为十，是以十攻其一也。则我众而敌寡，能以众击寡者，则吾之所与战者，约矣③。吾所与战之地不可知，不可知，则敌所备者多，敌所备者多，则吾所与战者寡矣。……无所不备，则无所不寡。寡者，备人者也；众者，使人备己者也。

　　①形人：使敌人现形。形，此处作动词，显露的意思。我无形：即我方无形迹，"形"在此处为名词。　②专：集中，指集中兵力。分：分散兵力。　③约：少。

　　故知战之地，知战之日，则可千里而会战。不知战地，不知战日，则左不能救右，右不能救左，前不能救后，后不能救前，而况远者数十

121

里,近者数里乎? ……故曰: 胜可为也[1]。敌
虽众,可使无斗。

[1] 胜可为也: 言胜利可以积极造就。按,《形篇》言"胜
可知而不可为",是就客观规律性立论。指胜利可以预见,但
却不可凭主观愿望强求,而必须具备一定的客观物质基础。
此处言"胜可为",乃是就主观能动性立论,即是说当具备一定
客观条件时,只要将帅充分发挥主观能动性,就能够创造胜
利。两者立论角度不同,故提法有异,然并无矛盾。

故策之而知得失之计[1],作之而知动静之
理[2],形之而知死生之地[3],角之而知有余不足
之处[4]。故形兵之极[5],至于无形。无形,则深
间不能窥,智者不能谋。……故其战胜不复[6],
而应形于无穷。

[1] 策: 筹算,策度。 [2] 作: 兴起,这里是挑动的意思。
[3] 死生之地: 指敌人之优势所在或薄弱致命环节。地,同下

句"处",均非实指战地。　④ 角：较量。有余：指实、强之
处;不足：指虚、弱之处。张预注："有余强也,不足弱也。角
量敌形,知彼强弱之所。"　⑤ 形兵：指军队部署过程中的伪
装佯动。　⑥ 战胜不复：取胜的方式方法不重复,指作战方
法随机制宜,灵活机动,不拘一格。

夫兵形象水①：水之形,避高而趋下;兵之
形,避实而击虚。水因地而制流②,兵因敌而制
胜。故兵无常势③,水无常形④,能因敌变化而
取胜者,谓之神。……

① 兵形：用兵打仗的方式方法,也可以理解为用兵的一
般规律。　② 制：制约,决定。　③ 常势：固定永恒的态势。
④ 常形：一成不变的形态。

就作战指导而言,本篇是《孙子兵法》十三篇中最
为精彩的篇章,是对孙子有关夺取战争主动权思想的最
集中的阐述。

　　"虚实"是孙子兵学中一个十分重要的范畴,其含义十分广泛,一般而言,无者为虚,有者为实;空者为虚,坚者为实。"虚"指兵力分散而薄弱;"实"指兵力集中而强大。表现在具体军情上,大凡怯、饥、乱、劳、寡、不虞、弱为"虚";勇、饱、治、逸、众、有备、强为"实"。总之,凡是构成军队战斗力的各种因素,诸如兵力的大小、优劣、众寡、强弱、分合,部队的劳逸、饥饱、治乱、懈备,部署的疏密、坚瑕,兵势的锐钝,士气的高低,心理的勇怯,行迹的真伪,处境的安危,地形的险易等等,都属于虚实的范畴。掌握虚实是否得当,转化虚实是否成功,运用虚实是否高明,直接关系着战争的胜负得失。从这个意义上说,虚实问题是作战指导上的关键所在。《虚实篇》从根本上解决了这一问题,因此备受人们的推崇,如相传唐太宗李世民就作过这样的评价:"观诸兵书,无出孙武;孙武十三篇,无出《虚实》。夫用兵识虚实之势,则无不胜焉。"(《唐太宗李卫公问对》卷中)

　　李世民这一评价洵非虚辞。孙子对"虚"、"实"之间辩证关系的认识和把握,在本篇中的的确确进入了出神入化的境界。它既讲清了"虚实"的核心，又讲到了运用"虚实"的手段、方法，还阐述了转化"虚实"的条件、意义。可谓是包举无遗，剔精抉微。

所谓"虚实"的核心宗旨，就是积极夺取作战的主动权，创造条件，争取优势，主动灵活地打击敌人。众所周知，主动权就是军队行动的自由权，堪称作军队的命脉之所系。在战场上，谁失去了行动自由，谁就面临失败的危险。孙子对这层道理自有深刻的领悟，并用简洁洗炼的一句话，概括揭示了牢牢掌握主动权的不朽命题："致人而不致于人。"即善于调动敌人而不被敌人所调动。在孙子的眼中，掌握了主动权，就等于掌握了制胜之道，就能够将自己所拥有的全部军事潜能淋漓尽致地发挥出来。所以他一再强调，这既是理解"虚实"关系的钥匙，也是正确运用"虚实"、转化"虚实"所要达到的目的。显而易见，这一原则是孙子制胜之道的精髓或灵魂，无怪乎《唐太宗李卫公问对》要这么说，古代兵法"千章万句，不出乎'致人而不致于人'而已"！

从这一认识出发，孙子探讨了运用和转化"虚实"

的主要手段和方法,这就是提出了著名的作战指导规律——"避实而击虚"。孙子认为作战的秘诀不外乎驾驭"虚""实"关系。要摆脱被动,赢得主动,关键在于使自己处"实"而让敌人据"虚",正如《管子·兵法》所说的"善者之为兵也,使敌若据虚,若搏景(影)"。然而构成"虚实"的因素不是一成不变的,它需要指挥员去发现,去创造,去把握,而实现这一步骤的有效途径,则是在军事行动中努力做到"避实击虚",完成敌我虚实优劣态势的转变。

孙子"避实击虚"的原则,主要表现在对攻击目标、攻击方向的正确选择上。基本的指导思想是,避开敌人的强点,攻击敌人虚弱却又是性命攸关的关键部位。牵一发而动全身,使对手欲守不得,欲战不能,进退失据,从根本上调动对手,制服敌人。他说:"出其所不趋,趋其所不意。行千里而不劳者,行于无人之地也;攻而必取者,攻其所不守也;守而必固者,守其所不攻也。"又说:"进而不可御者,冲其虚也;退而不可追者,速而不可及也。"讲的都是这一层意思。总之,只要在作战目标以及方向的选择上真正贯彻了"避实而击虚"的方针,那么就可以达到"善攻者,敌不知其所守;善守者,敌不知其所攻"的目的了。

由此可见,孙子的基本观点是,全面认识和把握"虚""实"这一具有普遍规律性的问题,就意味着掌握了主动权,战略方针即可确保贯彻落实,战术的运用即可挥洒自如、得心应手。在这样的情况下,战争胜利的天平自然而然将朝着自己这一边倾斜了:"故我欲战,敌虽高垒深沟,不得不与我战者,攻其所必救也;我不欲战,画地而守之,敌不得与我战者,乖其所之也。"从而牢牢立于不败之地。

孙子认识到,要使"避实击虚"原则真正得以落实,做到"致人而不致于人"并非易事。为此他在本篇中进而提出了一系列具体的作战原则,努力使战争指导者在争取主动权的过程中有章可循,有法可依。它们主要有以下几点:

第一,示形于敌,迷惑和欺骗敌人,使其暴露弱点,然后予以凌厉的打击。

示形动敌,这在《势篇》诸篇中即有论述。但孙子在本篇中乃是从"虚实"的全新视角对它进行阐发的,自有其特殊的意义。他强调指出,要设法使敌人暴露真情而我方巧妙隐蔽实力和作战意图,"形人而我无形"。而要做到这一点,就要实施战略佯动和欺骗,让敌人被牵着鼻子走,处处被动,"敌佚能劳之,饱能饥之,安能动之"。这样一来,敌人便无法对我方构成什么威胁了,"形兵之极,至于无形。无形,则深间不能窥,智者不能谋"。高明的指挥员若能做到这一点,则"敌虽众,可使无斗"。

第二,"以十击一",即集中优势兵力,猛烈、果断、有效地打击敌人。

"众寡分合"是中国古代兵学的一个重要命题。其实质含义,就是指集中己方的兵力,在全局或局部造成巨大的优势,分一为二,各个击破敌人。孙子在本篇中集中阐述了这个命题,并把它看作是转化"虚实",从而"致人而不致于人"的重要步骤。

孙子坚决反对在兵力部署上不分主次轻重方向,单

纯企求"无所不备"的做法,导致出现"无所不寡"的被
动局面。为此,他积极主张集中优势兵力临敌制胜,即
所谓"我专为一,敌分为十",从而"以十攻其一","以众
击寡",夺取作战的胜利。当然,集中兵力要有一定的
条件,其关键在于作战指导者发挥主观能动性,"分合
为变",赢得主动。孙子对此有清醒的认识,所以他说:
"形人而我无形,则我专而敌分。"即通过欺骗、藏形等
手段,造成我众而敌寡的有利态势,"则吾之所与战者,
约矣",换言之,是在集中自己兵力的同时,分散敌人的
兵力,造成全局或局部的优势地位,"吾所与战者,寡
矣","寡者,备人者也;众者,使人备己者也"。总之,是
使敌人的"四手"变成"两拳",而使自己的"两拳"变成
"四手"。孙子认为,一旦真正做到能以优势兵力攻击
劣势之敌,那么不战则已,战则必胜。

孙子集中兵力,"分合为变"的作战指导思想对后世
兵家的影响殊为深远。他们一方面进一步肯定集中兵力
的军事学术价值,如《淮南子·兵略训》就曾经用形象的
比喻来说明这层道理:"五指之更弹,不若卷手之一挃;万

人之更进,不如百人之俱至。"(五个手指轮番敲打,不如握紧拳头狠命一击;一万个人逐个轮番进攻,不如一百人同时出击)而《百战奇法》则更明确指出:"以众击寡,无有不胜。"另一方面,他们也高度重视运用"分合为变"的手段,来达到集中优势兵力的目的,"设虚形以分其势",造成"敌势既分,其兵必寡;我专为一,其卒自众"(《百战奇法·形战》)的有利态势。

第三,"知战之地","知战之日",察知战场地理,了解战场天候。并采取"策"、"作"、"形"、"角"等积极手段,全面掌握敌情。

孙子认为,要贯彻"避实而击虚"的作战方针,争取"致人而不致于人",就需要掌握各种情况,从中分析利弊,制定正确的对策,这样就可以"千里而会战",保存自己,消灭敌人了。

孙子指出,军事指挥员所应了解和掌握的情况,概略言之有两大类。一是天时地理,二是敌情。一般情况下,第二类情况比较难以了解。为此,孙子着重论述了了解和掌握敌情的方法,"策之而知得失之计,作之而知动静之理,形之而知死生之地,角之而知有余不足之处"。应该说,这是非常具体而又行之有效的方法,是孙子"知彼知己"指导思想落实到具体的作战行动各个环节的突出表现,它能够保证我方及时、全面掌握敌人的作战计划、活动规律、作战部署、强弱环节,为我方定下作战决心,制定作战计划、"避实击虚"提供客观根据,从而保障在作战中牢牢握有主动权。

第四,灵活机动,不拘一格,巧妙自如,变化无端,因敌变化而取胜。

孙子主张,在整个作战过程中切忌僵化保守,构泥成法,要不呆板,不机械,能够根据敌情的变化,随时调整兵力部署,改变作战方式,始终保持主动:"水因地而制流,兵因敌而制胜。故兵无常势,水无常形;能因敌变化而取胜者,谓之神。"即既要尊重一般的作战原则,但又不死守具体的作战原则,而是根据天势、地势、敌势、我势,做到"战胜不复,而应形于无穷"。这也就是后人所说的"不以法为守,而以法为用,常能缘法而生法,与夫离法而合法"(《何博士备论·霍去病论》)。

可见，在孙子的观念中，唯有"因敌而制胜"，方可排除一切干扰，顺利实施"避实击虚"的作战指导，真正做到"致人而不致于人"，驾驭"虚实"，运用"虚实"，转化"虚实"，由用兵的"必然王国"进入用兵的"自由王国"。

在详尽论述"虚实"的实质、运用以及转化"虚实"的基础上，孙子在本篇中告诉我们：只要能充分发挥人的主观能动作用，树立起正确的作战指导思想，并实施适宜的作战措施，那么，战争的胜利就不但可"知"（可预见），而且也是"可为"（可以创造）的。

本篇所揭示的重要军事规律，不仅适用于古代战争和近代战争，也同样适用于现代战争和未来战争。如"致人而不致于人"原则，反映的是夺取和掌握战争的主动权问题，而古往今来，主动权始终是决定两军相争中生死存亡、胜负成败的关键所在，正如毛泽东在《论持久战》中所指出的那样，主动权"是军队行动的自由权，是用以区别于被迫处于不自由状态的。行动自由是军队的命脉，失去了这种自由，军队就接近于被打败或被消灭"。以美越战争和海湾战争作比较,我们更可以清楚地认识这一性质。美国是世界上的超级大国,美军是世界上科技程度最高,实力最为强大的现代化军队,越南和伊拉克无论在哪个方面都无法与其相比。但是,美军在这两次战争中的结局却是大相径庭。在越南战争中,美军开赴到越南本土,长期"致于人",陷入了人民战争的重重包围之中,前后多年陷于泥潭而不能自拔,内外交困,难以为继,最终不得不灰溜溜从越南撤军,以失败收场。而在海湾战争中,以美国为首的多国部队,牢记越战的教训,千方百计避免在伊拉克本土"致于人",而是主要依靠高科技手段在伊拉克本土之外"致人",用导弹、飞机等先进武器实施远程打击,一直到伊拉克几乎不再有抵抗能力的时候才发起地面攻势,因而始终掌握着主动权,从1991年的1月17日,至2月28日,很快便取得了战争的胜利。美军这正反两方面的例子,从一个侧面体现了孙子"致人而不致于人"在现代战争中的重要价值。

又如,"形人而我无形"原则,在中国工农红军长征途中四渡赤水之役中也有淋漓尽致的体现。当1935年

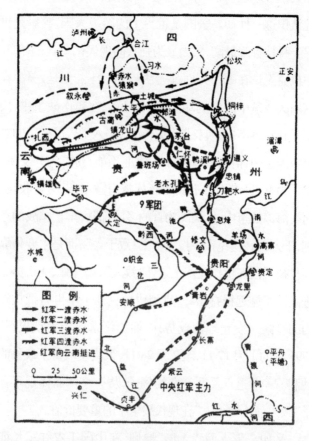

四渡赤水示意图

1 月 29 日中央红军三万余人一渡赤水西进, 准备渡过长江进军川西北时, 蒋介石立即调集重兵, 严密封锁长江沿岸, 企图围歼红军于赤水以西。于是红军转锋向东, 于 2 月间二渡赤水, 五天内连克遵义等三城, 歼敌 2 个师又 8 个团。当蒋介石重新调整部署, 准备南北夹击, 消灭红军于遵义一带时, 红军乃再次向西, 于 3 月 16 日至 17 日三渡赤水, 示敌以北渡长江之形。当蒋介石再次以重兵奔集川南堵歼红军时, 红军却突然折向东北, 于 3 月 21 日四渡赤水, 挥师南下, 越乌江而直逼贵阳, 继而乘隙进兵云南, 威胁昆明。当敌人不得不分兵驰援昆明时, 红军乃突然转向西北, 于 5 月初渡过金沙江, 从而摆脱了数十万敌军的围追堵截, 取得了战略转移中具有决定意义的胜利。在这一战役中, 敌人的每一个行动, 无不受红军"示形"的支配, 因而频繁调动, 徒劳往返; 而红军的真实意图, 敌人却始终无法捕捉, 所以被迫处处分兵堵截, 结果连战皆负, 损兵折将; 红军则高度集中, 处处避实击虚, 所向告捷, 完全进入了"形人而我无形"、"我专而敌分"的高超境界。像这样绝妙的指挥艺术,只有毛泽东这样的天才军事家才能创造出来。

"形人而我无形"的精髓奥妙,在海湾战争中同样不乏反映。正如美国国防部致国会的最后报告中所指出的那样:"中央总部司令将欺骗措施置于十分重要的地位,目的是使伊拉克错误地认为联军的主攻及两栖突击将直接指向科威特。所有部队都采取了欺骗行动。地面部队的攻击性巡逻、炮火射击、两栖佯攻、舰艇巡弋和空中行动,这一切都是中央总部司令有计划的欺骗措施的组成部分。在整个战场,地面部队与伊拉克部队进行了侦察与反侦察斗争,使伊拉克部队不能掌握联军的真实企图……总之,欺骗措施对达成战术和战役突然性以及最终取得地面进攻的胜利具有重要的意义"(参见《海湾战争》第八章)。显而易见,孙子"形人而我无形"、"我专而敌分"、"形兵之极,至于无形"等军事学术观点,在现代战争中仍然具有重要的指导价值,完全值得人们结合新的历史条件加以运用和发展。

本篇的军事原则同时也是深刻的哲学启示录,因此,它们在非军事领域也一样具有广泛而重要的应用价值。

就"致人而不致于人"理论而言,它可以应用于人类实践活动的一切方面,因为任何人类活动都有一个把握主动权的问题。例如,一个政府,如果能取信于民,那么它在政治上就会有充分的主动与自由,能够经受住各种风险,战胜各种困难。一个国家,要想有一个良好的国际环境,就必须广交朋友,推行多边主义,伸张正义,维护和平,这样才能争得外交上的主动地位,否则,就会像海湾战争中的伊拉克那样,陷入极端的被动和孤立。一个民族,要想繁荣富强,首先必须发展自己的经济和文化,办好自己的事情,从而争得自立于世界民族之林的主动权。一个企业,要想顺利发展,就必须确保效益的提高,这样才能在市场竞争中获得生存与壮大的自由、主动。总之,万事都有一个"致人而不致于人"的问题,人们从事任何活动都应该争取主动,避免被动。

就"攻其所不守"、"守其所不攻"理论而言,它实际上是一个如何扬长避短、发挥优势的问题,完全广泛适用于经济建设事业之中,因为任何企业,任何部门,都有自己的特长与优势，也有自己的不足与劣势，关键在于要做到扬长避短，把自己的优势充分发挥出来。如此，便能像孙子所说的那样，"攻而必取"，"守而必固"，在市场经济的竞争大潮中无往而不胜。

就"因敌而制胜"理论而言，它实际上是一个实事求是，按客观规律办事，因事制宜，与时俱进的问题，它是各项事业和工作取得成功的有力保障。以贯彻执行国家的方针政策为例，不同的地区，不同的部门，不同的行业乃至不同的个人，情况与条件各异，只有承认差别，因事制宜，实事求是，循序渐进，才能使国家大政方针与本地区、本部门实际状况得到最佳的结合，才能有的放矢，稳妥积极地把事业推向前进，避免犯经验主义或教条主义的错误。

# 七、军争篇

　　军争,指两军争利争胜,即敌我双方争夺取胜的有利条件——有利的战地和战机。曹操注曰:"两军争胜。"李筌注曰:"争者,趋利也。虚实定乃可与人争利。"张预注:"以军争为名者,谓两军相对而争利也。先知彼我之虚实,然后能与人争胜,故次《虚实》。"以上各家之注均符合孙子的本旨。汉简本此篇篇题列于《实虚》之前,当非其本来次序。

　　本篇主要论述在通常情况下夺取制胜条件的基本规律,中心思想是如何趋利避害,保证军队在开进和接敌运动过程中争取先机之利,掌握战场的主动权,立于不败之地。提出了"兵以诈立,以利动,以分合为变"的总原则,具体地说,包括军队要拥有强大的战斗力和高度的机动性;通讯指挥要做到通畅顺达;战争指挥者应该通过"四治"来牢牢地控制战场上的主动权;同时必须掌握进攻作战的一般规律,即所谓的"用兵八戒"。

孙子曰:凡用兵之法……莫难于军争[1]。军争之难者,以迂为直[2],以患为利。故迂其途而诱之以利[3],后人发,先人至,此知迂直之计者也[4]。

[1] 军争:两军争夺制胜条件(有利的态势和先机之利)。
[2] 迂:曲折、迂远。  [3] 故迂其途而诱之以利:"其"、"之"均指敌人。迂,此处用作使动。按,前句就我而言,本句则就敌而说。军争时既要使自己"以迂为直,以患为利",也要善于使敌人以直为迂,以利为患。而达到这一目的,在于以利引诱敌人,使其行迂趋患,陷入困境之中。  [4] 知:通晓、掌握。计:方法、手段。

故军争为利①,军争为危。举军而争利②,则不及;委军而争利③,则辎重捐④。是故卷甲而趋,日夜不处⑤,倍道兼行⑥,百里而争利,则擒三将军。……是故军无辎重则亡,无粮食则亡,无委积则亡⑦。

①为:是、有。 ②举军:全军上下(带着所有装备辎重)。 ③委:舍弃,丢弃。 ④辎重:军用器械、营具、粮秣、服装的统称。捐:弃掉,损失。 ⑤日夜不处:夜以继日,不得休整。处,止、息。 ⑥倍道:行程加倍。兼行:日夜进军。 ⑦委积:泛指物资储备。

故不知诸侯之谋者①,不能豫交②;不知山林、险阻、沮泽③之形者,不能行军;不用乡导④者,不能得地利。故兵以诈立⑤,以利动⑥,以分合为变⑦者也。故其疾如风,其徐如林,侵掠如火,不动如山,难知如阴,动如雷震。掠乡分众⑧,廓地分利⑨,悬权而动⑩。先知迂直之计者胜,此军争之法也。

① 谋:图谋、战略企图。　② 豫交:结交诸侯。豫,同"与",参与的意思。一说豫同"预",预先、事先,亦通。③ 沮泽:指水草丛生的沼泽地带。　④ 乡导:即向导,熟悉当地情况的带路者。　⑤ 兵以诈立:谓用兵打仗当以诡诈多变取胜。立,指成功、取胜。如《论语》所云"三十而立"之"立"含义相近。　⑥ 以利动:谓从事战争当以利益大小为行动准则。　⑦ 以分合为变:言用兵打仗应视不同情况而灵活处置兵力,或分散,或集中,变化无穷。分,分散兵力;合,集中兵力。　⑧ 掠乡分众:指分兵数路掳掠敌国乡邑。一说是夺取敌之资财,要分出一部分奖励部下。　⑨ 廓地分利:指开土拓境,分兵占领扼守有利之地形。一说,开拓土地,分赏给有功者。　⑩ 悬权而动:指当权衡利弊得失而后采取行动。曹操注:"量敌而动。"权,原义为秤锤,引申为衡量、权衡利害关系。

《军政》曰①:"言不相闻,故为金鼓②;视不相见,故为旌旗③。"夫金鼓旌旗者,所以一人之耳目也④。人既专一,则勇者不得独进,怯者不得独退,此用众之法也。故夜战多火鼓,昼战多旌旗,所以变人之耳目也⑤。

①《军政》:上古兵书,已失传。王晳注:"古军书。"② 金鼓:古代用以指挥军队进退的号令器具。擂鼓进军,鸣金收兵。 ③ 旌旗:泛指旗帜。 ④ 一:统一。 ⑤ 变:变化指挥信号以适应士卒的视听需要。

故三军可夺气①,将军可夺心。……故善用兵者,避其锐气,击其惰归②,此治气者也③。以治待乱,以静待哗④,此治心者也。以近待远,以佚待劳,以饱待饥,此治力者也。无邀正正之旗⑤,勿击堂堂之陈,此治变者也。

① 夺气:挫伤士气使之衰竭、消失。 ② 归:《广雅》:"归,止息也。"此处指士气衰竭。 ③ 治:掌握、运用。④ 哗:鼓噪喧哗,指骚动不安。 ⑤ 邀:遮留、截击。正正:

严整的样子。句意谓不要发兵截击旗帜齐正、队伍整治之敌。

故用兵之法：高陵勿向[①]，背丘勿逆[②]，佯北勿从[③]，锐卒勿攻，饵兵勿食[④]，归师勿遏[⑤]，围师必阙[⑥]，穷寇勿迫[⑦]。此用兵之法也。

[①] 向：仰攻。杜牧注："向者，仰也。"　[②] 背：倚托。杜牧注："背，倚也。"逆：迎击。　[③] 佯：假装。北：败逃。从：追随。　[④] 饵：诱饵，以利相诱。　[⑤] 遏：拦阻、阻击。　[⑥] 阙：同"缺"，缺口。　[⑦] 穷寇：陷入绝境之敌。穷，困厄，身处绝境。

本篇的逻辑脉络十分清晰，它层层递进，环环紧扣，将争夺制胜主动权的依据、方法以及目标阐述得非常透彻，体现了深刻的朴素辩证法思想。

与下篇《九变篇》主要论述作战的"变法"问题有所不同的是，本篇集中讨论了军事行动中的"常法"问题。如军事后勤保障上的"常法"："军无辎重则亡，无粮食则亡,无委积则亡。"作战指导上的"常法":"兵以诈立,以利动,以分合为变。"发挥军队战斗力的"常法",著名的"治气"、"治心"、"治力"、"治变"等"四治"理论:"避其锐气,击其惰归,此治气者也;以治待乱,以静待哗,此治心者也;以近待远,以佚待劳,以饱待饥,此治力者也;无邀正正之旗,勿击堂堂之陈,此治变者也。"统一号令和严格战场纪律的"常法":"夫金鼓、旌旗者,所以一人之耳目也。人既专一,则勇者不得独进,怯者不得独退,此用众之法也。"以及用兵制胜的一般性"常法",所谓的"高陵勿向,背丘勿逆"等"用兵八戒"等等。由此可见,本篇的所有文字都是围绕着作战"常法"问题而层层递进、依次展开的,是探讨争夺先机之利的精彩篇章,在《孙子兵法》全书中占有重要的地位。以下我们即就本篇一些重要军事观点作具体的分析。

第一,是深刻地揭示了"军争"的内在依据,即"军争"是"兵以诈立,以利动"的必然要求,在此基础上提出了"分合为变"的作战指导原则。

孙子的兵学思想具有强烈的实用理性,功利主义是孙子战争观的坚实基石。这是时代的产物：当时名义上的"天下共主"周天子的权威早已丧失殆尽，新兴势力的蓬勃发展，使得战争的目的逐渐由单纯的称霸争雄向着兼并土地，掠夺财富和人力资源方向过渡。因此，早期战争中崇尚"军礼"的特征，已明显不合时宜了，即所谓"古之伐国，不杀黄口，不擒二毛，于古为义，于今为笑。古之所以为荣者，今之所以为辱也"（《淮南子·氾论训》）。与此相适应，"以礼为固，以仁为胜"的战争观念也到了面临根本变革的时候。孙子在构筑其兵学理论体系时，势必要提出新型的战争观，它的核心内涵，是如何以卓有成效的军事手段打击和消灭敌人，夺取战争的胜利。于是把战争的目的归纳为以利益为转移，也就成了逻辑的选择。兵"以利动"，集中概括了孙子兵学的实用理性精神。从本篇所反映的内容看，孙子对战争的功利性毫不讳言，并且是理直气壮地加以强调，"掠乡分众，廓地分利，悬权而动"，即立足于扩张自己的版图，掠夺他国的财物，占有他国的人口资源等利益的大小得失，着眼于使自己在争霸兼并战争中永远立于不败之地。从这层意义上讲,利益观是孙子争夺制胜条件的原动力,利益得失驱动并决定着积极从事"军争"的努力及其方向。

"兵以诈立,以利动,以分合为变"不仅是先进的兵学观念,同时也是作战上的高明指导原则,它既回答了夺取先机之利的条件和主要手段,也概括包举了孙子制胜之道的核心内涵和基本特征。

所谓"兵以诈立",是说用兵打仗的根本特征在于诡诈奇谲。不诡诈、不狡猾则无以成功,宋襄公式的"仁义"只会导致"覆军杀将",贻笑天下。短短四字,将军事斗争的属性揭示无遗,真可谓高屋建瓴,振聋发聩。

所谓"以利动",说的是从事战争当以利害关系为最高取舍标准。有利则打,无利则止,见可则进,知难而退,"允当则归",一切以利益的大小为转移。如前所述,这实际上反映了孙子的战争宗旨,是其新兴阶级功利主义立场在军事斗争原则上的具体体现。

所谓"以分合为变",这指的是孙子制胜之道的重要手段。中心涵义是灵活用兵,巧妙自如地变换战术,或分或合,"悬权而动",掌握战场主动权。它是"兵以诈立"的必然要求,也是兵"以利动"的基本保证,体现了孙子兵学注重灵活变化,讲求出奇制胜的精神风貌。

为此,孙子要求作战指导者在军队接敌运动过程中,自始至终坚持和贯彻机动、灵活、多变的指导原则,达到这样的理想境界:有利可图时,军队行动"其疾如风";无利可争时,军队行动"其徐如林"。一旦进攻,要像烈火燎原,无坚不摧;一旦防御,要像山岳耸峙,岿然不动。需要隐蔽时,要做到如同阴云遮天,使敌人无从筹措;需要冲锋时,要做到如同雷霆突鸣,使敌人猝不及防。一切"悬权而动",惟求所向无敌。

孙子这一思想,具有重要的时代意义。这就是它从根本上划清了同《司马法》为主要代表的旧"军礼"传统的界限,正确揭示了军事斗争的基本规律。对于这一点,不少后人是洞若观火,省识于心的。南宋人郑友贤《孙子十家注遗说并序》中的一段话就道出了其中的奥妙。他说:"《司马法》以仁为本,孙武以诈立;《司马法》以义治之,孙武以利动;《司马法》以正,正不获意则权,孙武以分合为变。"这最为妥帖地区分了两者之间的不同特色。从这个意义上说,孙子的兵学理论不愧为迎合"出奇设伏,变诈之兵并作"时代要求的杰出代表。

第二,从辩证思维的高度,充分论证了"军争"的有利面和不利面,主张在军队开进过程中,要善于做到"以迂为直,以患为利"。这实际是孙子在争夺先机之利问题上的通达观念。

任何事物都具有双重的性质,都是矛盾的对立体,彼此之间既相互对立,又相互转化。中国古代哲人早已认识到了这一点,《易经·乾卦·上九》云:"亢龙有悔。"老子曾说:"祸兮福之所倚,福兮祸之所伏。"均十分清晰地揭示了事物包含两重性的特质。作为高明的战争指导者,在从事军事活动时,自然更应该明白这层道理,从而趋利避害,掌握主动。

所以,孙子在高度重视对有利作战地位的争取,认为这是掌握主动权,赢得战争胜利的重要条件的同时,特别强调要以辩证的观点对待争夺先机之利问题。"军争为利,军争为危",既看到其有利的一面,又充分估计到其不利的一面，必须考虑到各种客观因素，通晓利弊关系，在审时度势的基础上，作出正确的抉择。而其中重要的手段，乃是善于做到"以迂为直，以患为利"，表面上多付出、多耗费，实际上调动敌人，"后人发，先人至"，先敌占取有利战机，始终处于主动的地位。孙子指出：这样才算是"知迂直之计者"。

对普通人来说，了解"军争"的有利面似乎并非太困难的事情，然而能懂得"军争"的不利处，未雨绸缪，防患未然，却为数寥寥。所以孙子在本篇中着重指出了争夺先机之利不当而可能引起的后果，分别列举了"百里而争利"、"五十里而争利"以及"三十里而争利"，一味蛮干的严重危害："则擒三将军"、"则蹶上将军"、"则三分之二至"。这表明孙子的论述，既照顾了全面，又突出了重点，是真正参悟用兵艺术的思想巨人。

应该说，孙子在本篇中所提出的"知迂直之计"思想，与《九变篇》"杂于利害"的观点，均是孙子能动辩证思维方法在夺取先机制胜条件问题上的集中反映。作为对立统一的分析方法，孙子对它出神入化、炉火纯青的驾驭和运用,使他不但能把握住战争中的主要矛盾,还能积极主动地实现矛盾的转化。

战国后期赵国名将赵奢大破秦军的阏与之战,可谓是历史上成功运用孙子"迂直之计"的光辉典范。在这次作战中,赵奢"以迂为直,以患为利",首先在离邯郸三十里处坚壁固守,造成了秦军主帅误认为他不敢去救援阏与的错觉,达到了麻痹敌人的效果,为绕道急行,抢占有利地形创造了条件。这是典型的"兵以诈立"。为了确保己方作战意图的实现,赵奢严肃军令,诛杀违背军令随意要求开战的军士,这是孙子"勇者不得独进,怯者不得独退"精神在治军中的反映。等到敌人上当后,赵奢又"后人发,先人至",避开强秦的兵锋,轻装急进,越过险阻,神速地抢先占据了有利阵地,做到了军队行动"其疾如风,其徐如林,侵掠如火,不动如山,难知如阴,动如雷震"的要求。最后,在正式交战之前,赵奢又虚心听取部下许历的建议,先敌占领险要难攻的北山阵地,完全取得了作战的主动权,赢得辉煌的胜利,使秦国蒙受了一次自战国以来少有的严重挫折。这一胜利的取得,就在于赵奢真正理解了"迂直之计"的奥秘,并予以巧妙的运用,对孙子的"军争"理论作出了实战的诠释。所以,阏与之战后来也被称为"示缓及先据要地"(杜佑《通典》卷一五三)以取胜的成功战例。

即使是在现代战争条件下,孙子的"迂直之计"思想也还具有强大的生命力。例如在 20 世纪 70 年代初的印巴战争中,印军最高统帅部成功运用"以迂为直"的作战指导原则,避开巴基斯坦军队的正面防御,以主力纵深迂回,分割、包围巴方在东巴基斯坦(今孟加拉国)的守军,连战皆捷,势如破竹,在很短的时间里攻占了东巴首府达卡,并迫使东巴其他地区的巴基斯坦守军缴械投降,从而成功地肢解了巴基斯坦,赢得了这场战争的胜利。这完全可以理解为是孙子"军争"兵学理论在现当代的高明借鉴和运用。

应该指出,孙子"以迂为直,以患为利"的"军争"之法,包含着极其深刻的哲理,人们从中可以体悟出直接手段与间接手段之间的内在辩证统一关系,作为进行战略决策乃至战术部署的重要哲学依据。英国战略学家利德尔·哈特就在其著作《战略论》中申明,自己是在受到孙子这一原则的启示之后,才提出所谓的"间接路线战略"的。他强调指出,在战略上,表面看来最漫长的迂回道路常常是达到战略目标的最短途径,间接路线往往比直接路线更为近捷,更为有效。他的看法正好从一个侧面进一步印证了孙子"军争"兵学理论的永恒魅力,而利德尔·哈特本人也真不愧为兵圣孙武的千古知音。

第三,为了确保争夺先机制胜之利的成功,孙子还进而提出了一系列具体的措施和方法,使之浑然成为一个配套、有序的系统。

这一是强调要做好从事"军争"的各方面的充分了解和准备,即洞察"诸侯之谋"(其他诸侯国的战略动向),察知与作战有关的各种地形条件,"不知山林、险阻、沮泽之形者,不能行军",善于使用"乡导","不用乡导者,不能得地利"。确保"军争"建立在"知彼知己"的基础之上。

二是确保通信手段的畅通无阻,统一号令,使军队的进退攻守都具备明确的标识和具体的要求:"言不相闻,故为金鼓;视不相见,故为旌旗","故夜战多火鼓,昼战多旌旗",以此来"一人之耳目"或"变人之耳目",达到全军上下步调一致,令行禁止,"勇者不得独进,怯者不得独退"的目的,充分发挥整体作战的强大优势。

三是在军队行动过程中,坚决贯彻"治气"、"治心"、"治力"、"治变"的具体要求,即善于把握时机,利用心理,激励士气,树立必胜的信念,既懂得作战的常法,又懂得作战的变法。在这里,所谓"治气",就是"避其锐气,击其惰归",其核心就是后发制人,实施积极防御,即以防御为手段,以反攻为目的的攻势防御。春秋时期齐鲁长勺之战中鲁军的作战指导乃是历史上"治气"成功的典范:"夫战,勇气也,一鼓作气,再而衰,三而竭。彼竭我盈,故克之。"(《左传·庄公十年》)所谓"治心",就是"以治待乱,以静待哗",即以己之严整对付敌之混乱,以己之镇静对付敌之轻躁。其实质是要求做到沉着冷静,从容对敌。所谓"治力",就是"以近待远,以佚待劳,以饱待饥",其核心即是要求"先为不可

胜",以强大的军事实力为后盾,为争取先机之利创造
必要的条件。所谓"治变",就是指"无邀正正之旗,勿
击堂堂之阵"。其中心意思即不打无把握之仗,不同敌
人简单地拼消耗,而要同敌人斗智斗谋,以灵活机动、神
出鬼没取胜。孙子的"四治"理论,是对战争实践的理
性总结,符合作战行动的内在规律,因此为后人所高度
重视和广泛运用,其中"避其锐气,击其惰归"等主张,
业已成为经典性的军事原则,在硝烟弥漫的战场上屡奏
奇功,常试不爽。近代瑞士军事学家若米尼(又译作约
米尼)在其军事名著《战争艺术概论》的"结束语"中指
出:战争的制胜因素除军事实力外,"个人素质,精神力
量以及万千种其他因素起着主要作用。冲突双方士兵
的激情和军事素质,指挥官的性格、毅力和才能,甚至还
有民族的以及时代的尚武精神,总之,一切可以称为战
争的诗意和幻想的东西都将对战争的结果产生持久的
影响"。这段话至少证明孙子的"治气"、"治心"原理,
在古今中外军事学术史上具有相通一致的精神实质。

四是提出用兵作战的一般原则,即所谓"用兵八

法"（又称"用兵八戒"）："高陵勿向，背丘勿逆，佯北勿从，锐卒勿攻，饵兵勿食，归师勿遏，围师必阙，穷寇勿迫"，用以作为争夺先机制胜条件的基本指导。这些原则，是以丰富的战争实践活动为基础的，大部分经受住了历史的检验，成为我国优秀军事文化传统中的重要精粹内容。

五是强调军事后勤保障对于确保夺取先机之利的重要性："军无辎重则亡，无粮食则亡，无委积则亡。"它概括了当时军事后勤保障的主要方面，包含了军队行动所必须具备的客观物质条件。很显然，孙子是将军事后勤保障提高到关系制胜权的掌握，军队存亡的战略高度来加以认识的。

# 八、九变篇

　　本篇是《孙子兵法》的第八篇,文字篇幅虽不大,但思想十分深邃,文辞隽永优美,富有深刻的哲理,于人们从事任何活动都富有重要的启示价值。

　　"九变"既是篇名,又是全篇中心思想的集中反映。九,多的意思。清代汪中《述学·释三九》云:"古人措辞,凡一二所不能尽者,均约之以三以见其多;三之不能尽者,均约之以九以见其极多。"又云:"三者,数之成也;积而至十,则复归于一;十不可以为数,故九者,数之终也。"可见古人以九为数之极。变,改易、机变、变通、转化之意。《周易·系辞上》说:"一阖一辟谓之变。"孔颖达《正义》云:"一阖一辟谓之变者,开闭相循,阴阳递至。"篇题九、变连用,指的就是在军事行动中灵活机动、随机应变,屈伸自如。王晳注:"九者数之极;用兵之法,当极其变耳。"张预注:"变者,不拘常法,临事适变,从宜而行之之谓也。"两家之注,均符合孙子的原旨。

本篇的中心命题,是阐述在具体作战过程之中如何根据特殊的情况,灵活变换战术以赢得战争的胜利,集中体现了孙子灵活变通、积极机动的作战指挥思想。

孙子曰:凡用兵之法,……圮地无舍①,衢地交合②,绝地无留③,围地则谋④,死地则战⑤。涂有所不由⑥,军有所不击,城有所不攻,地有所不争,君命有所不受。故将通于九变之地利者⑦,知用兵矣。将不通九变之利,虽知地形,不能得地之利矣。治兵不知九变之术⑧,虽知五利⑨,不能得人之用矣。

① 圮地:指难以通行的地域。《九地篇》:"行山林、险

阻、沮泽,凡难行之道者为圮地。"圮,毁坏、倒塌。舍:宿营。
② 衢地:四通八达的地区。《九地篇》:"四达者,衢地也。"交
合:指结交邻国以为后援。 ③ 绝地:指交通困难,又无水
草粮食,部队难以生存的地区。 ④ 围地:指四面险阻重重,
进退不便,易被包围的地域。《九地篇》:"所由入者隘,所从
归者迂,彼寡可以击吾之众者,为围地。" ⑤ 死地:指走投无
路,非力战不能求生的地区。《九地篇》:"疾战则存,不疾战
则亡,为死地。"又云:"无所往者,死地也。" ⑥ 涂:同途,
路。由:从,通过。 ⑦ 九变:九,数之极,九变即多变,指作
战指挥上的各种机变。一说"九变"是指本篇"圮地无舍"至
"地有所不争"等九事。地利:《武经七书》本、《太平御览》、
《北堂书钞》"利"字前皆无"地"字,于义为长。 ⑧ 九变之
术:九变的利弊得失及其处置方法。梅尧臣注:"知地不知
变,安得地之利?"术,手段、方法。 ⑨ 五利:指上述"涂有所
不由"至"君命有所不受"等五事之利。


　　是故智者之虑,必杂于利害①。杂于利而
务可信也②,杂于害而患可解也③。……
　　故用兵之法,无恃其不来,恃吾有以待

也<sup>④</sup>；无恃其不攻，恃吾有所不可攻也。

① 杂：混合，引申为兼顾。　② 务：任务、事务，此处指
"争胜于天下"的战略目标。信：同"伸"，伸展，引申为实现。
③ 解：化解，消除。　④ 有以待：指已有充分的准备。

    故将有五危：必死<sup>①</sup>，可杀也；必生，可虏
也；忿速<sup>②</sup>，可侮也；廉洁<sup>③</sup>，可辱也；爱民，可烦
也<sup>④</sup>。凡此五者，将之过也，用兵之灾也。覆军
杀将，必以五危<sup>⑤</sup>，不可不察也。

① 必：固执。　② 忿：愤怒、忿懑。速：急，这里指急
躁，偏激。　③ 廉洁：洁身清廉，这里指过于自矜名节。
④ 爱民，可烦也：意谓将师倘若溺于"爱民"（即古人常说的
"妇人之仁"），而不知从全局上把握问题，就容易为敌所乘，
有被动烦劳的危险。　⑤ 必：肯定。以：由于、因为。

    用兵打仗贵在灵活机动，随机应变。拘泥常法，一

成不变,必然导致覆军杀将,辱身误国,这一认识始终是孙子心中不可动摇的准则。在孙子看来,灵活用兵,是通往胜利彼岸的舟楫,走向光辉顶点的阶梯,战争指导者不论在何时何地,都不能违背"因敌制胜"原则。本篇集中体现了孙子以"机变"为主旨的作战指挥思想,其重要军事观点主要有以下几点:

(一)以"涂(途)有所不由"等"五不"措施为基本内容的作战原则。

本篇一开头,孙子即突出了一个"变"字,提出在五种不同地理、地形条件下实施灵活作战指挥的具体对策:"圮地无舍,衢地交合,绝地无留,围地则谋,死地则战。"借助于地理条件不同,作战的方法也不相同这一特性,提醒人们作战指导不可墨守成规,一定要因时因地制宜,以变制胜。

刘伯承

现代军事家刘伯承元帅认为,影响作战决心的要素有五个方面,即任务、敌情、我情、地形以及时间。在这五项要素中,相比较而言地形乃是最为固定和稳定的。孙子选择它作为立论的起点,从最为固定的要素中凸显出战争的变化特性:既然地形与作战指导的关系尚充满变数,更遑论敌情、我情变化的多端以及应变的必要了。这真可谓剑走偏锋,匠心独运。

在经过一番旁敲侧击之后,孙子对战争指导中的权宜机变问题,展开了正面的阐述,强调作战指挥者必须根据具体情况灵活变化,机断指挥,立足于全局进行指导,而不囿于一时一地的得失,"涂有所不由,军有所不击,城有所不攻,地有所不争,君命有所不受"。并且把将帅能否精通各种机变的利弊,看作是是否懂得用兵,能否把握主动,积极夺取胜利的显著标志,指出"治兵不知九变之术,虽知五利,不能得人之用矣"。即只有精通了各种机变的方法,才能充分发挥军队的战斗力,才算是真正懂得和掌握了用兵之道。

应该指出的是,贯穿于整个"五不"原则的红线,乃是朴素辩证法的精神。它的实质含义,是要求战争指导者透过现象看本质,综合比较,深入分析,权衡利弊,唯利是动。假如经仔细权衡后所得出的结论是有碍于实现战略目标,损害到根本利益,那就必须舍弃眼前的小利,不汲汲于一城一地的得失,暂时放过某些敌人,留待日后时机成熟后再去解决。如果国君的某些命令不符合实际情况,不利于军事行动的展开,那么就应该本着"进不求名,退不避罪,唯人是保,而利合于主"(《地形篇》)的态度,拒绝加以执行。总之,是有所为,有所不为。这样做在表面上似乎是违背了常理,否定了成规,实际上恰恰相反,乃是更好地遵循了军事斗争的基本规律,有利于最大限度地争取主动,夺取战争的胜利。因此应充分加以肯定。历史上吴王夫差强争中原酿造覆亡,马援误择险道导致兵败,岑彭长驱入蜀击灭公孙述,李渊不攻河东径入关中,岳飞君命不受挺进中原,等等,就从正反两个方面对孙子"五不"为中心的机变思想作出了具有说服力的实战诠释,对今天的军事家来说,这些例证仍不无一定的启示意义。

在近现代战争史上,也有大量的战例能够证明孙子"五不"机变原则的科学性质:1945年,侵华日军投降后，中国人民解放军迅速进入东北，占据了有利的战略态势。后来当国民党军队向东北大举进犯时，中共中央军委为使东北地区的人民解放军避开敌锋，积蓄实力，果断地确定了"地有所不争"的方针，在辽西走廊让开大道，占领两厢，为日后的战略反攻奠定了坚实的基础。1948 年，人民解放军第四野战军在进行辽沈战役时，又置长春、沈阳等国民党军占领的大城市于后方，采取"军有所不击，城有所不攻"的策略，以主力南下围攻锦州，切断关内外敌军的交通联系，对东北之敌形成"关门打狗"之势，为夺取辽沈战役的全胜创造了条件。

当然，在"五不"原则中，最值得注意的是"君命有所不受"这个问题。它所讲的其实就是"机断指挥"的含义。综观历史上那些成功的经典战例，可知高明的战争指导者夺取胜利的重要原因，往往在于其能够实施机断指挥。如西汉前期中央政府在平定吴楚七国之乱一役中，汉军主帅周亚夫拒不接受汉景帝要求其分兵支援被围的梁王的"君命"，坚守昌邑一线，与吴楚叛军正面相持，避敌锐气，待时机成熟时，一举反攻，大破敌军，最终顺利平定吴楚七国之乱,维护了西汉王朝的大一统局面,就是一例。又如解放战争时期,粟裕将军曾受命率华东野战军一部横渡长江,挺进浙赣边区以威胁、牵制江南地区的国民党军。他在经过周密考察分析之后认为,此举将带来较大的损失,而且难以达到预期的目的,便及时向军委报告自己的意见,终于使军委下决心改变了原定的作战计划,这也是成功的"君命有所不受"的例子,而粟裕将军及时报告,坦陈自己观点的做法,则是对"君命有所不受"原则的有益补充。俄国近代杰出军事家、《制胜的科学》一书作者苏沃洛夫在答复沙皇使臣征求反法战争战略计划时所提的七条建议之一,就是"要给总司令以全权",强调的同样是前敌主帅机断指挥权问题。可见,孙子"君命有所不受"所体现的"机断指挥"原则,始终为古今中外军事家视作灵活用兵、机变主动的灵魂和保障。

(二)见利思害,见害思利的辩证思维方法。

能否高明地驾驭"九变",真正做到随机制宜,因敌变化,孙子认为关键在于战争指导者是否能全面、辩证地看待和解决问题,保持清醒的头脑,正确地处理战争中的利害得失,见利思害,见害思利,从而趋利避害,防患于未然,制敌于先机。

辩证法告诉人们,事物之间具有普遍联系的特征,即使是在同一事物的内部,也存在着不同倾向相互对立、互为渗透的属性,利与害互为依存,互为转化,任何事物都是矛盾的对立统一。军事斗争的性质也没有例外,战争和世界上的其他事物一样,也存在着两重性,敌对双方往往都是利与害兼而有之,胜利和失败仅仅是一纸之隔,胜利中往往隐藏着危机,失败里也常常包含着制胜的因素。而趋利避害,追求最大又是最适度的效益,乃是战争指导者应该具备的基本素质。为此,孙子特别强调战争指导者在从事军事活动时,一定要克服认识上的片面性,走出思维上的误区。因为见利而忘害,不利的因素就可能恶性的发展,最终影响到整个战争的结局;反之,见害而忘利,则有可能使自己丧失必胜的信心和斗志,不再去通过自己不懈的努力而有所作为,真正陷入万劫不复的深渊。所以真的要做到灵活机变,牢牢地掌握战争的主动权,就必须首先拥有"杂于利害"的哲学大智慧,这样方可在复杂激烈的战争活动中游刃有余,稳操胜券。

其实,真正有成就的杰出军事思想家,都是具有深刻的辩证法思想的,中国如此,外国也一样。如近代普鲁士军事理论家克劳塞维茨在军事学上的最大贡献,就在于他深受黑格尔辩证法的影响,自觉地把辩证的思想方法运用于对战争现象的研究,从而科学地揭示了战争的运动规律及其变化的内在动力。克劳塞维茨关于进攻与防御相互关系的论述,最集中地体现了这一特征。

他说:"如果两个概念真正构成了逻辑上的对立,也就是说其中的一个概念是另一个的补充,那么,实际上从一个概念就可以得出另一个概念来。"这就是克劳塞维茨研究进攻与防御关系时所遵循的哲学思维。他不是把进攻与防御对立起来,割裂开

**克劳塞维茨**

来,而是在进攻中看到了防御,在防御中看到了进攻。
进攻和防御既相互渗透,又相互转化,两者不是什么绝
对对立的东西:"每一种防御手段都会引起一种进攻手
段","一种进攻手段是随着一种防御手段的出现而自
然出现的"。另外,防御"决不是绝对的等待和抵御,因
而多少带有一些进攻的因素";同样,"进攻也不是单一
的整体,而是不断同防御交错着的"(《战争论》774—
775页,解放军出版社)。克劳塞维茨进而分析比较了
进攻与防御这两种作战形式的优缺点,认为它们均是利
弊共存:进攻是"较弱的形式,但具有积极的目的";而
防御则是"较强的形式,但具有消极的目的"。因而在
战争中,"谁认为自己的力量相当强大,足以采取进攻
这种较弱的作战形式,谁就可以追求较大的目的;谁要
给自己提出较小的目的,谁就可以利用防御这种较强的
作战形式的利益"(《战争论》第493页,第479页)。

显而易见,克劳塞维茨关于进攻与防御关系的辩证
思维,其进攻与防御互为包容、互有利弊的观念,在精神
实质上,与孙子"杂于利害"的理性认识实有相通一致

之处。这充分说明,中外军事学说,只有形式或表述上的不同,而没有精神本质属性上的对立。

毫无疑义,孙子"杂于利害"的主张,乃是一个带有普遍性的指导原则,也是其"五不"为内涵的机变制胜理论的哲学基础。它的精义在于辩证对待利害关系,知于未萌,预作准备,顺利时能做到冷静沉着,找到差距,从而保持优势,防止意外;遭到挫折时能做到不丧失信心,正视现实,坚持不懈,从而摆脱被动,走向胜利。从这层意义上来看,孙子"杂于利害"的辩证思维,又是超越单纯军事领域的,而具有普遍方法论的特殊意义。对于我们今天从事任何工作,都有着深刻的启示作用。

(三)有备无患的战争准备思想。

按照哲学的原理,事物的存在与变化,是内因与外因互动的有机统一。在这中间,内因永远是占主导地位的,起着决定性的作用,而外因只是变化的重要条件。因此,能否灵活机动,随机应变,不在于敌方的因素,而在于自己的条件。孙子对这种内外因关系有着直觉的体认,因而在本篇中深刻地阐述了有备无患的备战思想,强调指出不能寄希望于敌人"不来"、"不攻",而要立足于自己做好最充分的准备:"故用兵之法,无恃其不来,恃吾有以待也;无恃其不攻,恃吾有所不可攻也。"即从辩证的利害观出发,除了在想方设法以利害屈敌制敌的同时,努力做好自身的利害转化工作,使己具备强大的实力,扬己之长,去己之短,震慑住敌人,使其不敢轻举妄动;即便是敌人利令智昏,冒险进犯,我方也可以以己之利击彼之害,主动灵活,确保战争的胜利。换言之,孙子认为克敌制胜,必须具备主客观条件,两者缺一不可。活用"九变",机动灵活,属于发挥主观能动性问题,它是制胜的重要途径,但是要使它真正发挥作用,还应该有强大的军事实力作后盾,而强大的实力则来自于认真的备战。由此可见,孙子的备战思想,在一定意义上也可以称作为积极的趋利避害固本论,是孙子"九变"原则在战备问题上的必然体现。

需要指出的是,孙子的"有备无患"思想还具有更深刻的内涵,它揭示了国防建设的一般规律。在阶级社会里,战争是不可避免的社会现象,于是,"备者,国之重"也就成了一条不可改易的铁的原则,即便是对战争采取基本否定态度的孔老夫子,同样不得不主张"有文事者,必有武备;有武事者,必有文备"(《史记·孔子世家》)。因为在历史上,总是有极少数战争狂人,出于满足其称霸兼并、作威作福等私欲,乞灵于战争暴力,穷兵黩武,将战争强加在人们的头上,乞求这些人发慈悲心,偃旗息鼓,是幼稚而不现实的。正确的对策是,既反对战争,又不惧怕战争,以战止战,争取和平。

要做到"有以待"、"有所不可攻",就必须修明政治,动员民众,发展经济,加强军队建设。这样,广大民众才会积极投身于国防建设事业,国家才有足够的经济力量支持反侵略战争,军队才能拥有强大的战斗力粉碎敌对势力的进攻,这些都是确保国家安全的基本条件,也是孙子"有备无患"思想应有的逻辑意义。

(四)重视将帅个人的性格修养,防止"覆军杀将"悲剧的发生。

在孙子的心目中,将帅是国家的辅木,军队的主宰,他们的才能品德在很大程度上关系着战争的胜负。同样的道理,能否实施随机应变、灵活机动的作战指挥,也依赖于将帅个人的主观条件。基于这样的认识,孙子强调,为了真正贯彻"九变"的灵活作战指导原则,必须高度重视将帅队伍的建设。为此,他在本篇结尾处语重心长地叮嘱"九变"的主体——那些身为将帅的人,要注意努力克服自己性格上"必死"、"必生"、"忿速"、"廉洁"、"爱民"等五种缺陷,以避免"覆军杀将"这一类悲剧的发生。

孙子的这一番论述,是他关于"九变"原则实施的条件保障,也是他朴素军事辩证法思想的集中体现。众所周知,春秋时期朴素辩证法思想的重要属性之一,是事物转化观点上"节"与"度"概念的提出。当时一些著名思想家,如孔子、老子、范蠡等人已对事物转化的临界点——"度"有了较为深刻的认识,认为要保持事物的相对稳定性,既不可不及,又不能太过,"过犹不及"(《论语·先进》),而应该做到"允执厥中"(《书·大禹谟》),即范蠡所谓"时不至,不可强生;事不究,不可强成"(《国语·越语下》)。

孙子"将有五危"论述,就是这种社会思潮理性精神在军事领域的反映。其实勇于牺牲,善于保全,同仇敌忾,廉洁自律,爱民善卒等等,本来都是身为将帅者所应具备的优良品德,然而它们一旦过了度,也就是说假如极端发展,到了"必"这一程度的话,那么性质也就起了转化,走向反面,而成为"覆军杀将"的重要诱因了。由此可见,因敌变化,辩证分析,节度有宜,正是本篇主旨之所在。

总而言之,"兵之变化,固非一道",因敌变化,随机制敌,巧妙"九变","杂于利害",永远是高明的战争指导者自由驰骋的广阔天地。倘若不懂得这层道理,不遵循这条原则,那么即便是遍读天底下的兵书战策,也终究是纸上谈兵,隔靴搔痒,到头来难免夸夸其谈,一事无成。历史上赵括、马谡之流胶柱鼓瑟,画虎不成反类犬,丧师辱身,贻笑天下,就是这方面十分典型的例子。

# 九、行军篇

行军,这里不同于现代军语中的"行军"概念,而指如何部署、处置、动用军队。"行",指军队的行军布阵;"军",指军队的屯驻、驻扎或展开。本篇题意,曹操注云:"择便利而行也。"王皙注云:"行军当据地,便察敌情也。"均言有所得。

本篇的主旨是论述军队在各种不同的地理条件下如何驻扎安营、怎样布阵作战以及如何根据不同情况,透过具体表象看本质,观察、分析、判断敌情,从而作出正确应对之策等一系列问题,即所谓如何"处军",怎样"相敌"。其中"处军"是原则,而"相敌"为"处军"的重要条件。

孙子曰：凡处军①、相敌②：绝山依谷③，视生处高④，战隆无登⑤，此处山之军也。绝水必远水；客绝水而来⑥，勿迎之于水内，令半济而击之⑦，利；欲战者，无附于水而迎客；视生处高，无迎水流，此处水上之军也。绝斥泽⑧，惟亟去无留；若交军于斥泽之中，必依水草而背众树；此处斥泽之军也。平陆处易，而右背高⑨，前死后生⑩，此处平陆之军也。……

① 处军：指行军舍营、处置军队。处，处置、部署。② 相敌：观察和判断敌情。 ③ 绝：越度、穿越。依：傍依、靠近。 ④ 视生处高：谓军队驻扎，要居高向阳。视，看、审察，引申为面向。生，生处、生地，指向阳地带。李筌注："向阳曰生，在山曰高。" ⑤ 隆：高地。登：指仰攻。 ⑥ 客：指客军，进攻之敌。主客，中国古代兵学重要术语。主指己方，客指敌方。就作战形式而言，主指防御的一方，客指进攻的一方。就作战态势而言，主指主动的一方，客指被动的一方。⑦ 半济：指部队渡河一半。济，渡河。 ⑧ 斥泽：盐碱沼泽

地带。斥,盐碱地。 ⑨ 右:指军队的主要翼侧。 ⑩ 前死后生:指前低后高,亦即背靠山险而面向平易。《淮南子·地形训》:"高者为生,低者为死。"

　　凡军好高而恶下①,贵阳而贱阴②,养生而处实③,军无百疾,是谓必胜。……军行有险阻、潢井④、葭苇⑤、山林、蘙荟者⑥,必谨复索之,此伏奸之所处也。

　　① 好:喜爱。恶:厌恶。 ② 贵阳而贱阴:指看重向阳之处而不喜欢阴湿地带。梅尧臣注:"处阳则明顺,处阴则晦逆。" ③ 养生:指水草丰盛,粮食充足,便于军队生活。处实:指军需物资供应便利。梅尧臣注:"处实,利粮道。" ④ 潢井:指积水低洼之地。 ⑤ 葭苇:芦苇,这里泛指水草丛聚之地。 ⑥ 蘙荟:草木繁茂之貌。

　　敌近而静者,恃其险也;远而挑战者,欲人之进也;其所居易者①,利也。众树动者,来也;

众草多障者,疑也②。鸟起者,伏也;兽骇者,覆也③。尘高而锐者,车来也;卑而广者,徒来也④;散而条达者,樵采也;少而往来者,营军也。辞卑而益备者,进也;辞强而进驱者,退也;轻车先出居其侧者,陈也⑤;无约而请和者⑥,谋也;奔走而陈兵车者,期也;半进半退者,诱也。杖而立者⑦,饥也;汲而先饮者,渴也;见利而不进者,劳也;鸟集者,虚也;夜呼者,恐也;军扰者,将不重也;旌旗动者,乱也;吏怒者,倦也;粟马肉食⑧,军无悬甀⑨,不返其舍者⑩,穷寇也。谆谆翕翕⑪,徐与人言者,失众也;数赏者,窘也;数罚者,困也;先暴而后畏其众者,不精之至也。来委谢者⑫,欲休息也。兵怒而相迎,久而不合⑬,又不相去,必谨察之。

① 易:平易,指平地。　② 疑:使动用法,使……迷惑。

③覆:覆盖,覆没。形容敌人铺天盖地大举来袭。 ④徒:步兵。 ⑤陈:同"阵",布列阵势,准备交锋。 ⑥约:受制约、遭挫折。 ⑦杖:同"仗",扶、倚仗。 ⑧粟马肉食:拿粮食喂马,杀牲口吃肉。 ⑨军无悬瓿:指部队收拾起炊具。瓿,同"缶",用以汲水的瓦罐,这里泛指炊具。 ⑩舍:营幕。 ⑪谆谆翕翕:恳切温和、低声下气的样子。谆,恳切。翕,通"习",和蔼貌。 ⑫委谢:委质赔礼。古人相见,多执贽以为礼,故称"委贽"或"委质"。委,委质、遗礼。谢,道歉、谢罪。 ⑬合:指交战。

　　兵非益多也①,唯无武进②,足以并力、料敌、取人而已③;夫惟无虑而易敌者④,必擒于人。

　　①兵非益多:意谓兵员并不是越多越好。这反映了孙子的精兵建军思想。益多,以多为益。 ②武进:刚武轻进,犹言迷信武力,肆意冒进。 ③并力:集中兵力。料敌:观察判断敌情。取人:指取胜于敌。 ④无虑而易敌:没有深谋远虑却妄自尊大、轻视敌人。易,轻视、蔑视。

卒未亲附而罚之则不服[1]，不服则难用也；卒已亲附而罚不行，则不可用也。故令之以文[2]，齐之以武[3]，是谓必取。……

① 亲附：亲近归附。　② 令：命令，泛指教育引导。文：政治上、道义上的德化教育。　③ 齐：整治。武：治军方面所执行的军纪、军法。

孙子不仅是伟大的战略学家，也是杰出的战术大师，这一特点，在本篇中有显著的体现：他系统论述了军队在不同的地理条件下如何行军布阵、驻扎安营以及怎样根据种种迹象观察判断敌情等诸多具体战术问题。

（一）关于"处军"之法。

自古兴师作战，止则为营，行则为阵，行军、立营与布阵作战关系十分密切，因此历来受到军事家们的重视，如《司马法·严位》即云："舍谨兵甲，行慎行列，战谨进止。"而孙子则是系统论述"处军"原则的第一人。

孙子认为，"处军"（在不同地形条件下行军、驻扎、布阵、作战诸方面的处置方法）是作战指挥中所需要重点解决的问题，事关主动权的把握，战争胜负的大局。因此，孙子强调指出，在行军作战过程中，首要之务是要将部队处置妥当，从而牢牢立于不败之地。

当然，单纯有"处军"得宜的善良愿望是不够的，必须有正确的方法、途径才能达到妥善"处军"的目的。于是，孙子逻辑地将注意力置放于"处军"正确措施的归纳和总结上。他认为，"处军"的重点内容和基本要求，便是要善于做到根据不同的情况，灵活机变地贯彻有针对性的方法、措施，利用借助有利的地形，避开远离不利的地形。为此，孙子具体列举了在山地丘陵、江河湖泊、沼泽泥潭以及开阔平原等四种地形条件下的不同"处军"原则和要领。并且进而将利用地形而"处军"的基本特点归纳为"凡军好高而恶下，贵阳而贱阴，养生而处实，军无百疾，是谓必胜"。强调指出这一切乃是克敌制胜的重要条件，"此兵之利，地之助也"，不可不予以充分的重视和掌握。毫无疑问，这显然是孙子对前人和他所处时代利用地形正确"处军"，从而战胜攻取一般经验的科学总结。

孙子的"处军"观点,受到后人的普遍重视,不断得到人们的推崇和发展。如《武经总要·前集·制度》云:"顿舍必就薪水,畜牧必依刍草。一事不备,则自投于死,安能获寇哉?"又如《草庐经略·立营》言:"立营之法,须据险阻,前阻水泽,右背山林,处高阳,便粮道。前有险巇,可以设伏;后有间道,可以出奇兵。据险阻则敌不敢攻;就水草则军用不匮。两营分屯,则互为犄角;三营分屯,则鼎足而居。"就都是秉承孙子"处军"旨意而有所发挥的。

值得注意的是,外国许多杰出军事学家同样重视"处军"的重要性,如若米尼在其名著《战争艺术概论》一书的"军队行军宿营和冬季宿营"章节中,也论述了类似"处军"的命题:在战争期间,不论是在行军时,或是在执行监视任务时,或是在待机恢复进攻时,军队都完全

**若米尼**

可能在所占领的战略位置上保持集中舍营。这种位置的选择，要求军队主帅善于计算，能够判断出敌人可能造成的威胁。军队必须占领足够广大的空间，以便获得充足的给养，但同时又必须保持战斗力，以便能迎击敌人可能发动的攻势。若米尼这些言论，核心内涵是军队的部署与展开问题，与孙子的看法辞异而实同。由此可见，古今中外战争艺术的一般规律是一脉相承、息息相通的。

孙子的"处军"原则，也被古往今来的许多战争实践证明是行之有效的作战要领。如"客绝水而来，勿迎之于水内，令半济而击之"的江河处军作战之法，就很有实际的价值。所谓"半济而击"，即是乘敌人半数正渡、半数未渡之际发起攻击，以夺取胜利。春秋时期宋、楚泓水之战中，迂腐而自负的宋襄公拒绝大臣子鱼的正确意见，没有乘楚军渡河时加以打击，结果导致宋军大败，这种愚蠢表现，从反面证明了"半济而击"原则的正确性。而在吴、楚柏举之战中，吴军取得会战胜利后，在追击退却楚军至清发水一带时，吴王阖闾接受其弟夫概"半渡而后可击"的建议,再次战胜楚军,进一步扩大战果,则又从正面证明了"半济而击"原则的正确性。

当然,孙子提出的一系列"处军之法",只是一般的作战原则,要充分发挥其作用,还有待于军事指挥员根据战场情势,灵活掌握运用。如楚汉战争时期汉军统帅韩信破赵之役中背水列阵,从表面上看,就不合通常的"处军之法"(一般的处军之法是要求"前左水泽,右背山陵"),可是韩信却通过自己天才的指挥,最终获得了这次重要战役的胜利。这一情况表明,"处军"原则如同孙子的其他作战之法一样,是真理而非教条,绝不可拘泥死守,而应创造性地理解和运用。

(二)关于"相敌"之法。

所谓"相敌",就是指观察、了解各种征候,在此基础上,正确分析、判断敌情。孙子高度重视"相敌"在战场交锋中的作用,主张在"处军"得宜的基本前提下,充分运用"相敌"这一手段,即通过仔细观察敌情,以求对敌情作出缜密的分析,正确的判断,为实施卓有成效的对敌打击,夺取战役战斗的胜利创造必要的条件。

他从前人和当时的实战经验中概括出三十余种侦察和判断敌情的重要方法,其中包括通过对敌人言论行为的观察以判断敌人的作战企图,如"敌近而静者,恃其险也;远而挑战者,欲人之进也";"辞卑而益备者,进也;辞强而进驱者,退也;轻车先出居其侧者,陈也;无约而请和者,谋也"等等。通过对鸟兽草木和尘埃土灰的观察以判断敌人的行动意向,如"众树动者,来也;众草多障者,疑也;鸟起者,伏也;兽骇者,覆也;尘高而锐者,车来也;卑而广者,徒来也;散而条达者,樵采也;少而往来者,营军也"等等。通过对敌人活动状况的观察来判断敌人的劳逸、虚实、士气以及后勤补给等情况,如"杖而立者,饥也;汲而先饮者,渴也;见利而不进者,劳也";"夜呼者,恐也;军扰者,将不重也;旌旗动者,乱也;吏怒者,倦也"等等。

这些"相敌"之法,大多都可从历史上的实战中得到印证。如公元前615年,秦国起兵攻打晋国。晋军在中军帅赵盾的统率下与来犯的秦军相持于河曲(今山西永济一带),晋军统帅部针对秦国出国迢远、难以持久的特点,采取了"深垒固军"、待其撤退而击之的方针。秦军因久战不胜,决定撤退。为掩饰这一意图,秦军主帅派遣使者赴晋军大营,以强硬的言辞预约晋军于第二天决战。晋军的一位副将从秦军使者的眼神和口气中察觉到秦军行将撤退,向赵盾建议乘秦军撤离时予以截击,一举破敌。但遗憾的是未能被采纳,致使秦军在当晚趁着暮色掩护得以全师而退。这就是"辞强而进驱者,退也"的例证。

又如公元 621 年的虎牢之战中,李世民所率的唐军与窦建德所部十万人在汜水(今河南荥阳汜水镇)一带进行决战。当时,窦建德部队沿汜水东岸布阵列势,北依大河,南连鹊山,正面宽达二十余里。自辰时直至午时,

李世民

士卒饥饿疲乏,都坐在地上,士卒间又争着喝水,秩序混乱。细心的李世民观察到这些迹象后,即判断解读为窦

军士气开始懈怠,唐军有机可乘。于是李世民就派遣宇文士及率领三百骑兵经窦军阵西而南,先行掠阵。并指示说,如果窦军严整不动,即回军返归本阵;如其阵势有动,则可引兵继续东进。宇文士及至窦军阵前,窦军阵势即开始动摇。李世民见状,下令发起总攻,并亲率骑兵先出,主力继进。渡过汜水后,唐军直扑窦建德军的大营,迅速瘫痪了窦军的指挥中枢,杀得窦军上下人仰马翻,溃不成军,窦建德本人负伤坠马被俘,十万大军顷刻就歼,虎牢之战遂以唐军大获全胜而告结束,唐王朝取得了统一天下之战中关键性一仗的胜利。这就是"杖而立者,饥也;汲而先饮者,渴也"以及"军扰者,将不重也"的例证。

其他诸如"奔走而陈兵车者,期也;半进半退者,诱也","鸟集者,虚也","数赏者,窘也;数罚者,困也","来委谢者,欲休息也"等"相敌"之法,我们同样也能在漫长的战争史长河中,找到相应、具体的例证。

尽管在今天看来,孙子在本篇中所总结的三十二条具体的"相敌"之法,十分古老、简单、直观,属于直观经验的粗浅判断与预测,呈初级原始面貌,同当今先进的侦察技术与手段相比,已显得落后,其中大部分业已过时,不再适用于现代高科技战争,但是,在当时的历史条件下,孙子主张"相敌",把它作为战争指导者达到"知彼知己"目的的主要手段之一,却依然是具有其特殊意义的,反映了孙子本人对作战指导规律孜孜探求的可贵努力。同时我们也应该看到,孙子有关"相敌"之法的概括,虽然直观粗浅,但不无透过现象看本质的哲理性质,体现着孙子兵学理论中的朴素辩证法色彩,对我们今天从事军事实践活动,仍具有方法论上的重要启示意义。

(三)"兵非益多"的精兵强军之道。

春秋战国之际,战争规模日益扩大,战争次数日益频繁,战争程度日趋激烈,各诸侯国纷纷扩军备战,以求在激烈残酷的争霸兼并斗争中占据主动,取得优势。孙子顺应这一历史潮流,充分肯定发展军队,加强战备的必要性。但是他比当时一般人高明的地方,是他高瞻远瞩地提出了军队发展的正确方向:走精兵之路,"兵非益多也，惟无武进，足以并力、料敌、取人而已"。这既是对争取战争胜利基本条件的论列，也是对军队建设根本原则的揭示。

"兵非益多"是军队建设思想发展史上的一个里程碑。众所周知，军队的数量固然是构成军队战斗力的重要因素，可是没有质量的军队人数再多，也是无法很好发挥战斗力，履行军队的职责的。军队的数量与质量之间存在着对立统一的关系。建设军队的正确方向，应该是既注意保持一定的数量，又注意提高军队的质量，并把重点放在后者的身上。道理很浅显，如果军队数量过于庞大，那么就会给国家经济带来沉重的负担，不利于有效地进行教育训练，不利于改良武器装备，也有碍于提高指挥效能。北宋时期大量冗兵冗将的存在，结果导致整支军队战斗力严重削弱，在与西夏、辽、金军队作战时吃够败仗，就是明显的例证。由此可知，孙子的精兵思想具有重大的军事学术价值，历代兵家对此十分重视。如战国时期吴起"简募良材"的思想，孙膑"兵之胜，在于篡卒"的认识,《尉缭子》的裁军强兵主张,就是对孙子"兵非益多"理论的继承和发展。

孙子"兵非益多"思想,同时也是精兵决胜,多谋制敌作战指导原则的体现。孙子认为用兵打仗,绝非是简单的兵力投入和使用,不能以兵力的多少来衡量和展望战争胜负的前景,而关键在于作战指挥的高明与否。具体说,即能否做到集中兵力,准确判断敌情,内部团结一致、齐心协力这一点。与此相应,孙子也坚决反对少谋无虑,轻敌冒进,认为一旦出现这类情况,军队就会彻底陷入被动,难以逃脱失败的可悲命运:"夫惟无虑而易敌者,必擒于人"。

证之战史,可知孙子这一观点的确是颠扑不破的真理。战国时期齐魏马陵之战中魏军痛遭聚歼,十万之师全军覆没,统帅太子申被擒杀,庞涓智穷力竭被迫自杀;元末明初鄱阳湖大战中陈友谅主力悉数就歼,陈友谅本人日暮途穷,最后在九江口中箭而亡,基本原因就是庞涓、陈友谅等人的"武进",既少谋寡智("无虑"),又轻敌自大("易人")。相反他们的对手孙膑、朱元璋等人，则棋高一着，做到了"并力、料敌、取人"，从而一举成功，实现了自己的战略意图。真可谓胜败得失，若合符契，令人不能不对孙子的兵学智慧肃然起敬，不胜仰慕。无怪乎，唐代杜牧在其《孙子注序言》中要称道"孙武所著十三篇，自武死后几千载，将兵者，有成者，有败者，勘其事迹，皆与武所著书一相抵当，犹印圈模刻，一无差跌。"这话虽然不免有些绝对化，但古往今来做军事统帅的无不视《孙子兵法》为"兵经"，重视其实战的功效，则的确是事实。战争无论胜负，用兵无论得失，我们大都可以从《孙子兵法》中找到某些原因。

（四）"令之以文，齐之以武"的治军原则。

本篇最后一个闪光之点是孙子"令文齐武"的治军原则。军队是执行武装斗争任务的特殊团体，要确保其发挥强大的战斗力，关键之一是要搞好内部的治理，即所谓"以治为胜"《吴子·治兵》。而要治理好军队，则必须遵循一定的原则，因为只有在正确原则的指导下，再配合以具体的方法（如严明军纪，信赏必罚等等），才能使全军上下令行禁止,进退有节,团结一致,无往而不胜。

　　与先秦时期其他著名兵书,如《司马法》、《吴子》、《尉缭子》、《六韬》等相比,对治军问题的论述,在《孙子兵法》中并不占据非常显著的位置。但是,孙子的治军思想仍是自成系统的。他曾就如何治军经武提出过不少精辟的原则,以适应新兴势力从事战争活动的迫切需要。而这些原则的根本精神,就是刚柔相济,恩威并施,宽严结合,"故令之以文,齐之以武,是谓必取",文武两手双管齐下,共同作用于治军实践。所谓"文",是指精神教育,物质奖励;所谓"武",则是军纪军法,重刑严罚。孙子指出,没有教化,一味讲求军纪军法,将士思想不统一,精神不振奋,就会被动消极对待上级的命令,"上有政策,下有对策",影响战斗力的发挥,"卒未亲附而罚之则不服,不服则难用也。"但若不严明军纪,一味宽厚溺爱,也会导致将士斗志涣散,各行其是,"卒已亲附而罚不行,则不可用也",同样不利于军队的行动。在孙子看来,只有真正做到教罚并用,宽严结合,方可

"与众相得",才能够控御全军上下,驱使广大官兵在沙场上英勇杀敌,视死如归,从而赢得战争。可见,"令文齐武"的治军理念,虽然不是本篇的重点,但它的重要性却丝毫不容忽视,其价值也值得充分评估。

# 十、地形篇

汉简篇题木牍有《□刑(形)》一题,位置在《九地篇》之前,似即本篇篇题,但汉简中未曾发现此篇简文。本篇篇题,曹操注曰:"欲战,审地形以立胜也。"扼要概括了全篇的主旨。

本篇的主旨,是阐述利用地形克敌制胜的基本原则以及军队在各种地形条件下实施作战的一般方法。它是中国历史上最早系统论述有关军事地形学的精辟专文,它与以下的专门阐述兵要地理(战略地理)的《九地篇》一起,构成了兵圣孙武军事地理学思想的主要内容,弥足珍贵,价值永恒。

孙子在本篇中扼要揭示了巧妙利用地形的重要性,

列举了战术地形的主要类型和不同特点,提出了在不同地形条件下军队行军作战的若干基本原则,辩证地分析了判断敌情与利用地形之间的相互关系。在此基础上,进而探讨了军队作战失利的六种主要原因,并阐述了将帅的道德行为准则以及若干治军一般原则。全篇讲"地",更讲"人";讲"助",更讲"主";讲地形,而又高于地形。总之,本篇是反映《孙子兵法》唯物与辩证的统一、主观与客观统一原则精神的佳作。

孙子曰:地形①,……我可以往,彼可以来,曰通。通形者,先居高阳,利粮道②,以战则利③。可以往,难以返,曰挂④。挂形者,敌无备,出而胜之;敌若有备,出而不胜,难以返,不利。我出而不利;彼出而不利,曰支⑤。支形者,敌虽利我,我无出也;引而去之⑥,令敌半出而击之,利。隘形者,我先居之,必盈之以待敌⑦;若敌先居之,盈而勿从⑧,不盈而从之。险形者,我先居之,必居高阳以待敌;若敌先居

之,引而去之,勿从也。远形者⑨,势均⑩,难以
挑战,战而不利。……

①地形:地形地貌,山川形势。 ②利粮道:指有利于
粮道的畅通无阻。 ③以:为。 ④挂:本为悬挂之意,引
申为有悬念,无必胜之把握。 ⑤支:支持、支撑,指利于守
而难于攻之地。 ⑥引:带领(部队)。去:离开,指伪装退
去。 ⑦盈:满、充实。指用充足的兵力堵塞隘口。
⑧从:跟踪、追击,这里指发起攻击。 ⑨远:指路途迂回曲
折、敌我相距甚远的地域。 ⑩势均:指双方所处的地理条
件均等。一说,双方兵力相等,由下文可知,此释不确。

……凡此六者,非天之灾,将之过也:夫
势均①,以一击十,曰走②;卒强吏弱,曰弛③;吏
强卒弱,曰陷④;大吏怒而不服⑤,遇敌怼而自
战⑥,将不知其能,曰崩⑦;将弱不严,教道不
明⑧,吏卒无常⑨,陈兵纵横⑩,曰乱;将不能料
敌,以少合众,以弱击强,兵无选锋⑪,曰北⑫。

凡此六者，败之道也；将之至任，不可不察也。

① 势均：见上节注⑩。 ② 走：奔，指军队败逃。 ③ 弛：指将吏软弱无能，队伍涣散难制。 ④ 陷：指将吏虽勇强，但士卒无战斗力，最终必陷于败没。 ⑤ 大吏：指部将、偏裨将佐。曹操注："大吏，小将也。" ⑥ 怼：心怀怨愤。自战：不听军令，擅自出战。 ⑦ 崩：全军溃败。 ⑧ 教道：指训练、教育士兵之法度。 ⑨ 吏卒无常：指军中上下关系失常。无常，无常规、无法纪。 ⑩ 陈兵纵横：指布兵列阵混乱失次。 ⑪ 选锋：精选勇敢善战的士卒组织而成的精锐部队。 ⑫ 北：败北。

夫地形者，兵之助也。料敌制胜，计险阸远近①，上将之道也②。知此而用战者必胜③，不知此而用战者必败。故战道必胜④，主曰无战，必战可也；战道不胜，主曰必战，无战可也。故进不求名，退不避罪，唯人是保，而利合于主，国之宝也。

① 计：计量考察。　② 上将：贤能、高明的将领。
③ 用：以。　④ 战道：指战争经综合评估得出的可靠结论。

　　视卒如婴儿①，故可与之赴深豁②；视卒如
爱子，故可与之俱死。厚而不能使，爱而不能
令，乱而不能治③，譬若骄子，不可用也。

　　① 视：看待、对待。　② 深豁：喻指危险地带。
③ 治：约束惩处。

　　知吾卒之可以击，而不知敌之不可击，胜
之半也①；知敌之可击，而不知吾卒之不可以
击，胜之半也；知敌之可击，知吾卒之可以击，
而不知地形之不可以战，胜之半也。故知兵
者，动而不迷②，举而不穷③。故曰：知彼知己，
胜乃不殆；知天知地，胜乃不穷。

　　① 胜之半也：胜面只占一半。　② 动而不迷：行动起来

从不迷惑,即不盲动。 ③ 举而不穷:所采取的作战措施因敌制宜,变化无穷。

　　战争总是在一定的空间和时间范围中进行的。时间体现为战争的速决或持久,空间则表现为战争的战场覆盖面。在古代冷兵器时代,战争主要是在陆地或水面上进行的,任何战争无不受一定的地形条件的影响和制约。因此,对于影响军队行动的战场地形地貌,就不能不详细研究;而为了在整个战略布局上取得有利的地位,就不能不对兵要地理作周到缜密的考察。前者属于"军事地形学"的范畴,而后者则属于"军事地理学"的范畴。在中国古代,对两者的区分并不严格,人们通常是对它们作通盘的研究和阐述的,孙子在这方面也不例外。

　　在冷兵器作战时代,掌握和利用地形地理,对于决定战争的胜负关系尤为重大。因此,早在孙子之前,人们即开始探讨军事与地理条件之间的关系,并留下了不少足资启迪的理论雏型。例如,《易经·师卦·六四》有云:"师,左次,无咎。"意思是说军队在作战行动中只要占领有利的地形,就等于掌握了主动,不再会有危险(此爻辞亦有其他解释,今不从)。又如《易经·同人卦·九三》亦说:"伏戎于莽,升其高陵,三岁不兴。"意谓若能充分利用草木茂盛的特殊地形条件,巧妙隐蔽军队,并抢先占领有利的制高点,就能够顺利地战胜敌人,使得敌人元气大伤,多年之内都无法得到恢复。这些论述都成了孙子构筑其军事地理思想的重要理论来源。

然而,在孙子之前,关于地理条件运用原则的阐述,尚远远未臻成熟。这表现为,一是片言只语,零碎散漫,缺乏深度;二是还没有涉及兵要地理问题,缺乏广度。只有到了孙子那里,利用地理条件以克敌制胜,才成为兵学理论中的重要有机组成部分,军事地理学才基本具备规模。换句话讲,孙子是中国古代乃至整个世界第一位系统探讨地形、地理条件与军事斗争成败之相互关系的兵学大师。

孙子的军事地理学思想主要包括两个方面。一是对兵要地理,即战略地理的论述,他撰写《九地篇》,对这一问题集中进行了探讨,提出了军队在九种不同的战略地理环境中展开行动的基本指导原则。以下我们将另作分析。二是对战术地理的论述,主要见于本篇以及前面的《行军篇》。概括地说,孙子本篇的主旨是集中揭示了巧妙利用地形的重要性,列举了战术地形的主要类型和不同特点,提出了在不同地形条件下军队行军作战的若干基本原则,辩证地分析了判断敌情与利用地形之间的相互关系,等等。作为中国历史上最早的军事地形学的系统化精辟理论,弥足珍贵。

"知彼知己,胜乃不殆;知天知地,胜乃不穷",这是孙子认识战争,指导战争的思想基础。它要求战争指导者全面了解和掌握各种情况,在此基础上筹划战略全局,实施战役指导,活用战术战法,赢得战争胜利,即所谓"动而不迷,举而不穷"。了解地形,利用地利,就属于"知天知地"的范围,这正是孙子构筑其军事地形学的出发点。

孙子高度重视战场地形条件对作战行动的影响,提出了"地形者,兵之助也"这一精辟的论断,强调作战指导者要重视对地形的观察和利用,并且将判断敌情与利用地形这两者密切地联系起来。具体地说,孙子认为能否根据地形条件适宜制定战法战术直接关系到战争的胜负归属,指出要想成为一位有成就的将帅,条件之一就是了解和熟悉地形,认真研究、巧妙利用地形,即在判断和掌握敌情的同时,准确地计算地理上的险易、远近、广狭,以便对军队的开进、机动和部署,阵地的选择、使用和伪装,作出明智正确的抉择。强调这是高明指挥员所必须具备的素质,是夺取作战胜利的基本保证:"料敌制胜,计险阨远近,上将之道也。"这样,孙子就将地形学首次引入了军事斗争的领域,使得敌情分析和地形利用得到了有机的联系和结合,这在中国古代军事学术发展史上具有相当深远的意义。

从"地形者,兵之助也"这一基本见解出发,孙子根据当时实战的具体要求,在同篇中系统地探讨了战术地形的基本类型和主要特征。他具体列举了军队在作战过程中有可能经常遇到的六种基本地形,即通形、挂形、支形、隘形、险形、远形;指出了这六种基本地形的各自特点所在,并且就这六种不同的地形条件,提出了详尽而又有针对性的作战指挥要领。例如在敌我都可以自由来去、四通八达的"通"形地域上，作战指导者应该抢先占领开阔向阳的高地，保持粮草后勤补给线的畅通无阻，从而牢牢地把握主动。又如在"支"形地域上，先要做到不受敌人诱兵的迷惑，持重待机，然后统率部队假装退却，诱使敌人前出一半时再突然回师反击，战胜敌人。等等。

当然，按孙子的理解，地形条件是客观的存在，如何利用地形，确立优势，关键还在于发挥将帅的主观能动性。因此，他进而论述了军队由于将帅战术呆板、指挥失当而导致失败的六种情况——"六败"："走、弛、陷、崩、乱、北"。细致剖析了产生"六败"的具体原因和主要表现，并强调指出造成战事失败的责任应该由将帅来承担："非天之灾，将之过也。"由此可见，孙子的军事地形学思想是相当系统和辩证的，做到了主客观条件的有机结合：即通过对"地有六形"的具体阐发，揭示了地形条件与战争活动之间的内在关系；又通过对"兵有六败"的论述，说明了主观指导失误必然会造成作战行动的失败。"地有六形"讲的是客观因素；"兵有六败"讲的是人的主观因素。孙子在恰如其分评价地形在军事上重要作用的同时，正确地强调了人的主观能动性的发挥，认为只有将战场地形等有利的客观因素与战争指导者的主观能动性相结合，才能达到趋利避害、稳操胜券的目的。这无疑是符合朴素唯物辩证法原则的，也确保了孙子"知彼知己，胜乃不殆；知天知地，胜乃不穷"的用兵指导，真正达到理想的境界，主宰战局，战无不利。

需要指出的是，孙子的军事地形学思想在后世是为众多兵家所一致推崇的，所谓"凡与敌战，三军必要得其地利"（《百战奇法·地战》）；"两军交战，地不两利；我先得之，敌为我制。虽可利人，实由人择；固分险易，还务通权"（《草庐经略·地形》）等等，皆可以视作为是对孙子战术地理思想的继承和发挥。

西方近代军事家对战场上重要地形战略价值的重视，也是十分普遍的现象，甚至把它视为国力要素的重要组成部分。如美国学者科宁·格雷提出，国力要素包括人和文化因素、领土面积、地形、经济资源、政治实体间的距离等等，并认为自然地理在很大程度上决定经济地理,经济地理决定人文地理,人文地理对政治的发展又产生重大影响。又如约翰·柯林斯把国力要素归纳为10个基本方面,其中属于自然地理的有空间关系、主要的陆地形态、气候、天然植被,而属于经济和人文地理的有资源、工业、人口的数量和分布、重要部门的分布、交通网和通信网。并指出这些因素"构成了加强国家力量的地理成分。它影响到政治力量、军事力量和其他各种形式的力量如何使用的问题"。

至于若米尼在《战争艺术概论》一书中更曾多次就地形在军事活动中的作用与地位进行阐述,指出那些位居要冲的、具有重要战略价值的要地,例如交通中心、重要军事基地、要塞所在地、在山地惟一可通过的隘道、在河川地域能控制几个流域的会合点等,都是永久地理性的战略点。一个国家的边境上,具有良好的障碍物体系,如高山、大河或人为的要塞,这个国界本身就可当作永久性防线;任何相当宽度的河川、任何山脊和隘道,只要有了临时工事的保护,就可当作暂时性防线,它可阻止敌人前进达一个相当长的时期,或强迫敌人改变进攻方向,这些利益是纯战略性的。

同时,若米尼也辩证地看到单纯看重地形的局限性,认为利用地形说到底是指挥员发挥主观能动性的结果,"一个天然形势十分险要的地方,敌人固然难以进攻,可己军也一样不易攻击。敌人可以用少数兵力封锁各口,而己军坐困在里面,无法自由行动。"由此可见,若米尼重视地形条件以及辩证对待其利弊得失的做法,实与孙子既重视战场地形等客观因素,又强调发挥人的主观能动性的思维逻辑如出一辙,异曲同工。

由于孙子的军事地形学思想是对众多战争实践活动进行总结的结晶,因而在指导后世战争方面也曾产生过深远的影响,公元263年爆发的魏灭蜀汉之战就是颇具说服力的史证。

当时,魏国乘蜀汉政权连年北上征战、劳而无功导致国力衰弱的有利时机,对蜀汉政权发起了全面的战略进攻。魏军主力在钟会的统率下与蜀汉大将姜维所率的主力相持于剑阁一线,魏军另一位主将邓艾则率领一支奇兵乘隙蹈虚,偷渡人迹罕至的阴平古道险要,兵锋指向西川平原,连克绵竹等战略要地,直捣蜀汉政权的中心成都,迫使蜀汉后主刘禅束手投降,从而一举灭亡了立国四十三年的蜀汉政权。

纵观魏灭蜀汉之战,双方对地形的认识、利用上的优劣高低,对战争的进程产生了决定性的影响。蜀军对险形地域、隘形地域的汉中地区疏于戒备,违背了孙子所说的"隘形者,我先居之,必盈之以待敌"、"险形者,我先居之,必居高阳以待敌"等原则,而让主力远驻沓中(今甘肃舟曲以西、岷山以南),等于是洞开门户,给魏军的大举进兵提供了极大的可乘之机。当占据剑阁险要成功,一度遏制住魏军的凶猛攻势之后,又未能及时考虑到敌人从阴平小道偷渡奇袭的可能性,以至腹背受敌,完全陷入被动。而蜀汉唯一一支战略机动部队——诸葛瞻军未能采取"速行据险,无令敌得入平地"之策,及时进兵据守要地,则使冒险偷渡阴平成功的邓艾军得以迅速进兵,很快抵达涪县,并在绵竹(今四川德阳)会战中全歼诸葛瞻所部,更加牢固地掌握了战争的主动权,兵临成都城下,一举灭亡了蜀汉。

此战邓艾出奇制胜,翻越天险,神速进兵,袭取成都,堪称"敌无备,出而胜之"的杰出典范。而魏军曾一度受阻于剑阁之下,几乎功败垂成,徒劳而返,其主要原因也在于西线魏将诸葛绪没有坚守阴平桥头这一险阻,而让姜维大军从容退守剑阁的严重失误。魏军作战指导上得失成败两方面的经验教训,都证明了作战中遵循孙子军事地形学基本原理,巧妙运用地形条件,出奇制胜的必要性。

当然,孙子的军事地形学思想乃是冷兵器时代的产物,随着岁月的流逝,其中不少内容已明显陈旧过时,像"半渡而击"、"以主力扼守隘塞险阻"等战法也许不会再被效仿重现。但是地形条件对战争活动展开具有制约作用这一根本属性却不会被改变。因为现代战争虽然是全方位、多维空间范围内的高技术较量,对于地形的利用提出了新的更高的要求,然而,地形环境对高技术兵器效能的发挥却不无重大的影响。例如在北约空袭南斯拉夫联盟之战中,美、英战机投下的精确制导炸弹的数量比例尽管远远超过海湾战争时期,可其杀伤效

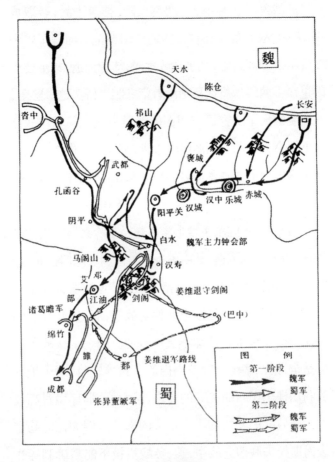

**魏灭蜀示意图**

果却要比海湾战争差许多,南联盟军队的主力并未因此
而遭到摧毁性的打击。这中间重要原因之一,是南联盟
国土多为高山丘陵地带,军队行动、武器配置可以凭借
地形进行巧妙的伪装,从而使得北约的高技术兵器能量
释放受到一定的限制。这就是现代高科技战争条件下,
地形继续影响军事活动的一个典型例子。至于孙子重
视利用地形的思维方式及其基本精神,则更是永远不会
失去其魅力的。

　　另外,本篇中还有一些观点也值得我们充分注意和
大力肯定。一是孙子对将帅提出的为将道德论。将帅
既是全军的核心,那么就应该在具备卓越指挥才能的同
时,拥有高尚的品德情操,这一点是古今中外一切杰出
军事学家的共识。如若米尼在《战争艺术概论》中对将
帅提出的道德要求就是:"具有顽强的性格或勇敢的精
神,能够做出伟大决定;沉着冷静,或具有体魄上的勇
气,不怕任何危险;要有学问,因为学问能起有力的辅助
作用;尤其对战争艺术的原理有完全的了解;办事公正,
不忌才,有容忍的大度。"早于若米尼两千多年的孙子,

在本篇中更是用十分精练的语言,就将帅所应具备的高尚道德情操,作了明确的界定:"故战道必胜,主曰无战,必战可也;战道不胜,主曰必战,无战可也。故进不求名,退不避罪,唯人是保,而利合于主。"即强调将帅要置个人的荣辱得失于度外,不追求名誉,不回避抗命的罪责,忠于国君,爱护民众,一切以国家的根本利益为重,勇于承担责任,敢于有所作为,按照战争的一般规律来行动。这无疑是正确优秀的为将之道,在今天仍不无激励与启示的积极作用。尤其是孙子这一原则中所体现的"不唯上"理论勇气,更是对古往今来那些唯主上之命是从的庸人、佞人们的有力鞭挞,值得我们敬慕和学习。

二是孙子有关官兵关系一般准则的阐述。官兵关系是矛盾的对立统一体,它既有同一性,即官兵从利益上讲是一体的,仗打赢了,大家都有利益,军官能晋升,士兵能得赏;打败了,一起遭殃,或命丧敌手,或军法从事,总之是一根藤上的瓜,谁也离不开谁。但又有斗争性,即官兵所处地位的不同,决定了彼此的对立,一方是管人的,一方是被管的,一方发号施令,一方必须从命,存在着严重的利益、价值、情绪畛域。因此,如何处理好两者的关系,使这个矛盾共同体尽可能和谐相处,始终是军事家、政治家着力关注的问题,孙子在这篇中的有关论述,就是在这方面所作的努力。

由于在官兵关系这对矛盾中,将官一方占据着主导地位,而士兵一方处于从属位置。因此,作为统治集团一员的孙子,态度上自然居高临下,也把注意力集中投放在"官"的一方,将处理官兵关系的责任交付给统军者手中,要求为将作官的该做什么,不该做什么。具体地说,即主张将领既要关心爱护士卒,"视卒如婴儿","视卒如爱子",使其感恩戴德,乐于听从命令,效死疆场;又要严格治军纪律,使其敬畏权威,反对不讲原则纵容士卒,"厚而不能使,爱而不能令,乱而不能治,譬若骄子,不可用也"。总之,是要做到"爱"与"严"相结合,"奖"与"惩"相适度。这一思想,对于我们今天管理部队,保持优良的官兵关系,乃至从事任何组织管理工作,同样是有一定的借鉴意义的。当然,孙子"官兵关系"观念中的不平等意识,在现代民主社会中,是应该加以鉴别和批判的。

# 十一、九地篇

　　本篇约一千一百余字,几占全书总篇幅的五分之一。它内容丰富,思想精辟,说理透彻,文采斐然,富有极其深刻的战争哲理,虽然列于下卷,但在《孙子兵法》全书中的重要性并不亚于《计篇》、《谋攻篇》、《虚实篇》、《九变篇》等。

　　本篇篇题,曹操注:"欲战之地有九。"王皙注:"用兵之地,利害有九也。"张预注:"用兵之地,其势有九。"这些旧注,均向我们提示了这么一个信息,就是孙子在本篇中,是围绕地理形势与作战之间的关系问题,来展开对作战指导规律的探讨的。这一点,是我们把握全篇中心思想,认识孙子兵学原则精义奥妙的一把钥匙。

所谓"九地",是指散地、轻地、争地、交地、衢地、重地、圮地、围地、死地等九种不同的战略地理。通观全篇,可知它立足于战略地理学的高度,放眼战争全局,围绕当时诸侯争霸战争的新的特点和需要,深刻论述了军队在九种不同战略地理条件下进行作战的基本指导原则,特别强调要根据在不同作战地区官兵所产生的不同心理状态,来制定切合实际,行之有效的战略战术,确保赢得战争的胜利。其中对战略进攻中如何实施突然袭击问题的论述,是为全篇的精华所在,而其主旨是强调军队在展开作战行动时,要做到隐蔽、突然、快速、灵活、迅猛、机动,善于因敌变化,因情制敌。

孙子曰:用兵之法,……诸侯自战其地,为散地①。入人之地而不深者,为轻地②。我得则利,彼得亦利者,为争地。我可以往,彼可以来者,为交地③。诸侯之地三属④,先至而得天下之众者,为衢地⑤。入人之地深,背城邑多者,为重地。行山林、险阻、沮泽,凡难行之道者,为圮地。所由入者隘,所从归者迂,彼寡可以击吾之众者,为围地。疾战则存,不疾战则亡者,为死地。是故散地则无战,轻地则无止⑥,争地则无攻,交地则无绝⑦,衢地则合交,重地则掠⑧,圮地则行,围地则谋,死地则战。

① 散地:指在本土作战,士卒近家,危急时容易逃散的地区。曹操注:"士卒恋土,道近易散。"  ② 轻地:指军队进入敌境不深的地区。梅尧臣注:"入敌未远,道近轻返。"  ③ 交地:指道路纵横交叉、交通便利的地区。陈皞注:"交,错也。言其道路交横,彼我可以往来。"  ④ 三属:指与多方诸侯国相毗邻。三,泛指众多。属,连接、毗邻。  ⑤ 衢地:四通八达的地区。孟氏注:"若郑界于齐、楚、晋是也。"  ⑥ 止:停留、逗留。  ⑦ 无绝:指挥、部署军队要做到首尾相贯,互相策应。绝,隔绝、断绝。  ⑧ 重地则掠:指深入敌方腹地,粮食转输接济困难,必须"因粮于敌",就地解决后勤补给问题。梅尧臣注:"去国既远,多背城邑,粮食必绝,则掠畜积以继食。"

所谓古之善用兵者,能使敌人前后不相及①,众寡不相恃②,贵贱不相救③,上下不相收④,卒离而不集,兵合而不齐。合于利而动,不合于利而止。……敌众整而将来,……先夺其所爱⑤,则听矣⑥。兵之情主速⑦,乘人之不及,由不虞之道⑧,攻其所不戒也。

① 及:指策应配合。 ② 众:大部队。寡:小分队。恃:依靠。 ③ 贵:军官。贱:士卒。救:救应、救援。④ 上下不相收:指部队上下之间失去联络,无法聚合。收,收拢、聚集。 ⑤ 所爱:敌人最珍惜的东西,喻指关键、要害之处。 ⑥ 听:听从,顺从。 ⑦ 主:重在。 ⑧ 由:经过、通过。不虞:不曾意料到。

凡为客之道①,深入则专,主人不克②;掠于饶野,三军足食;谨养而勿劳③,并气积力④,运兵计谋,为不可测。投之无所往,死且不北,死,焉不得⑤士人尽力。兵士甚陷则不惧,无所往则固,深入则拘⑥,不得已则斗。……投之无所往者,诸、刿之勇也⑦。

① 客:客军,指离开本土进入敌境作战的军队。 ② 主人:指在本土处于防御地位的军队。 ③ 谨:郑重,引申为认真。养:休整。 ④ 并:齐、同。 ⑤ 死,焉不得:作好死的打算,还有什么做不到的。焉,何、什么。 ⑥ 拘:拘束、束缚,引申为不涣散。 ⑦ 诸:专诸,春秋时吴国的勇士,曾为吴公子光(即阖庐)刺杀吴王僚,自己也当场被杀。刿:曹刿,一作曹沫,春秋时鲁国的勇士,在齐鲁柯地(今山东东阿)会盟上,他持剑劫持齐桓公,迫使齐国归还所侵占的所有鲁国土地。

故善用兵者,譬如率然①;率然者,常山之蛇也②。击其首则尾至,击其尾则首至,击其中则首尾俱至。……是故方马埋轮③,未足恃也;齐勇若一,政之道也④;刚柔皆得,地之理也⑤。故善用兵者,携手若使一人,不得已也。

① 率然：古代传说中的一种蛇。《神异经·西荒经》："西方山中有蛇，头尾差大，有色五彩。人、物触之者，中头则尾至，中尾则头至，中腰则头尾并至，名曰率然。" ② 常山：即恒山，是五岳中的北岳，位于今山西浑源南。西汉时避文帝刘恒讳改称"常山"。北周武帝时，复称"恒山"。 ③ 方马：将马匹并排地缚系在一起。方，并。埋轮：掩埋车轮。方马埋轮，表示固守。 ④ 齐勇若一，政之道也：梅尧臣注："使人齐勇如一心而无怯者，得军政之道也。" ⑤ 刚柔皆得，地之理也：言使士兵无论强弱都能各尽其力，在于恰当地利用地形。

将军之事①，静以幽②，正以治。能愚士卒之耳目③，使之无知。易其事，革其谋④，使人无识。易其居，迂其途，使人不得虑。帅与之期⑤，如登高而去其梯。帅与之深入诸侯之地，而发其机。焚舟破釜⑥，若驱群羊，驱而往，驱而来，莫知所之。聚三军之众，投之于险，此谓将军之事也⑦。九地之变，屈伸之利⑧，人情之

理,不可不察。……故兵之情,围则御⑨,不得
已则斗,过则从⑩。

① 将军:统率军队。将,用作动词,主持、指挥。
② 静:沉着冷静。以:同"而"。幽:幽深莫测。 ③ 愚:蒙
蔽、蒙骗。 ④ 易其事,革其谋:变更正在做的事情,改变原
定的计谋。易,变更。革,改变。 ⑤ 帅:统帅。期:约定时
间。 ⑥ 焚舟破釜:即破釜沉舟,指烧掉舟船,打碎炊具,以
示决一死战之意。釜,锅。 ⑦ 将军之事:指挥军队作战中
的要事。 ⑧ 九地之变,屈伸之利:指对不同地理条件的应
变处置,使军队的进退得宜。屈伸,指部队的前进或后退。
⑨ 御:抵抗。 ⑩ 过:指深深地陷于死地。从:听从将令,
服从指挥。孟氏注:"甚陷则无所不从。"

是故不知诸侯之谋者,不能预交;不知山
林、险阻、沮泽之形者,不能行军;不用乡导者,
不能得地利。四五者①,不知一,非霸王之兵
也。夫霸王之兵,伐大国,则其众不得聚;威加

于敌,则其交不得合。是故不争天下之交,不养天下之权②,信己之私③,威加于敌,故其城可拔,其国可隳④。施无法之赏⑤,悬无政之令⑥,犯三军之众,若使一人⑦。犯之以事,勿告以言⑧;犯之以利,勿告以害。投之亡地然后存,陷之死地然后生。夫众陷于害⑨,然后能为胜败。故为兵之事,在于顺详敌之意⑩,并敌一向⑪,千里杀将,此谓巧能成事者也。

① 四五者:四加五为九,指上述九地。曹操注:"谓九地之利害。" ② 不养天下之权:意谓没有必要在其他的国家里培植自己的权势。养,培养、培植。一说,"不"当作"必"。似有道理,惜无证据。 ③ 信:伸、伸展。私:指自己的战略企图。 ④ 隳:音"灰",毁坏、摧毁。 ⑤ 无法:不合惯例、超出规定。 ⑥ 悬:悬挂,引申为颁发、颁布。政:同"正",正常的、常规的。 ⑦ 犯:使用、任用。曹操注:"犯,用也。" ⑧ 勿告以言:意谓不要说明任务的意图。言,指谋虑、实情。 ⑨ 害:指恶劣处境。 ⑩ 顺详敌之意:审慎地考察和判断敌

方的真实意图。顺，古同"慎"，谨慎。"详"训"审"，详细考察。一说，假装顺从敌人的意图，亦通。 ⑪ 并敌一向：集中兵力攻向敌方某一点。

是故政举之日①，夷关折符②，无通其使，厉于廊庙之上③，以诛其事④。敌人开阖⑤，必亟入之。先其所爱⑥，微与之期⑦。践墨随敌⑧，以决战事。是故，始如处女，敌人开户⑨；后如脱兔，敌不及拒。

① 政：指战争行动。举：实施、决定。 ② 夷：削平，引申为封锁。符：泛指通行凭证。古时以木、竹、铜等材料做成的牌子，上书图文，分为两半，用作传达命令、调兵遣将和通行关界的凭证。 ③ 厉：同"砺"，本义为磨刀石，此处意为反复推敲、计议。廊庙：即庙堂，喻指最高决策机构。 ④ 诛：研究决定，曹操注："诛，治也"。 ⑤ 阖：门扇。开阖，谓有隙可乘。 ⑥ 先其所爱：指首先攻取敌人的关键要害之处，以争取主动。 ⑦ 微：无、毋、不要。之：指敌方。期：约期。

⑧践：古通"划"，贾林注："划，除也。"避免的意思。墨：墨线，喻指陈规、教条。　⑨开户：喻指松懈戒备，为我所乘。


美国现代著名战略学家柯林斯在其《大战略》一书中将主要作战原则归纳为十二条，这就是：① 目的，② 主动权，③ 灵活性，④ 集中，⑤ 节约，⑥ 机动，⑦ 突然性，⑧ 扩张战果，⑨ 安全，⑩ 简明，⑪ 统一指挥，⑫ 士气。通观本篇，可知这十二项作战原则基本要素在篇中都已经有或多或少的包含，这说明孙子不愧为世界上深谙作战原理的第一人，本篇无疑是孙子兵学体系中的重要构成。

具体地说，本篇的兵学思想集中体现在以下三个方面：

（一）考察不同类型的兵要地理，根据具体地理条件制定适宜的作战行动方案。

孙子高度重视兵要地理在军事活动中的地位与作用，从自然地理与人文地理的结合上阐述了战略地理环境的不同类型及其主要特点。他把兵要地理具体区分为九大类：散地、轻地、争地、交地、衢地、重地、圮地、围地、死地。它们大致可分为两个类型：一是自己国土内的"散地"，一是敌人国土内的"重地"。

兵要地理既然如此复杂多样，那么高明的战争指导者就要善于根据不同的战略地理条件，采取正确适宜的作战方针，以掌握战争的主动权。孙子认为，在不同类型兵要地理上展开军事活动是有其一般规律可循的。这个规律就是军队在不同环境下的心理状态和战斗潜能发挥的可能态势。为此，他系统地提出了针对各种兵要地理的作战要领。这就是在散地上要统一部队的意志，稳定军心，同时尽可能避免作战。在轻地上，要使营阵部署互相衔接，并尽量防止脱离，避免为敌人所阻隔。在争地上，不可贸然进攻，而要注意让后续部队迅速跟进，以便相互策应。在交地上，要部署得宜，不可隔绝，同时谨慎防守。在衢地上，应该结交诸侯，引为外援。在重地上，鉴于部队远离本土，后勤补给不便，因此要注意及时补充军粮，其途径则是"因粮于敌"。在圮地上，要迅速通过，以免陷于被动。在围地上，要设计运谋，争取摆脱困境,具体做法是堵塞缺口,以激励士气,坚决突围。在死地上,则要显示死战的决心,殊死一搏,从而拼死求生,转危为安。

孙子的兵要地理思想是对无数战争经验教训进行总结的产物,具有强烈的针对性和显著的成效性,同时也经受住了历史长河之水的洗礼,而被证明是富有生命力的。纵观历史上的战争画卷,我们可以发现孙子关于九种兵要地理的作战方针,均屡试不爽,多有印证。作战的成败,大多可从是否遵循这些作战方针中寻找到内在的原因。如北宋末年方腊起义,曾先后占据六州五十二县,义军全盛时曾发展到百万人以上。最终之所以趋于失败,其原因虽多,但在关键时刻不能驾驭全局,及时将战争推向北宋王朝的统治腹地,反而退守"散地",导致不少义军怀土恋家,斗志涣散,战斗力下降,当是主要原因之一。又如明末农民军首领李自成在率部南征北战过程中,曾遭明军总督陈奇瑜的围剿,被迫退入车箱峡,陷入围地。在这种不利局势面前,李自成"设计运谋",献宝诈降,骗过陈奇瑜,诱使明军网开一面,乘机突出困地,走上胜利发展的道路。这可谓与孙子"围地则谋"的指导思想不谋而合。

其他像三国时期孙权轻地无止破皖城,诸葛亮重地刈麦战司马,南北朝时期长孙稚不攻争地平关中,明末清初李定国抢占交地下桂林,郑成功海澄死地力战胜八旗等著名战例,均可视为孙子"轻地则无止"、"重地则掠"、"争地则无攻"、"交地则无绝"、"死地则战"诸原则的历史诠释。

我们认为,在本篇中,最富有现实意义的是关于"衢地"和"重地"的论述,特别是"衢地",从战略地理角度看,更显示其重要性。

关于"衢地",孙子反复强调这是四通八达的要害地点,而且非本国所有,因此他主张事先从外交上争取这一要地所在国的同情而加以控制利用。二战之后,大国所进行的"衢地"争夺,在西太平洋地区,主要是控制日本。美国从自身战略利益着眼,一直重视日本这块战略要地,以抗衡前苏联。因为日本北海道的宗谷海峡和根室海峡,中部的轻津海峡,西南部的对马海峡,均是控制日本海进入太平洋的通道,是名副其实的"衢地",而前苏联的远东海军基地海参崴,正处于日本海的西岸。美国控制了日本,就等于把前苏联的远东海军困在了日本海的彼岸。正是出于这一考虑,二战后美国花本钱在日本身上,以求长久保持日本这一战略"衢地"。反观前苏联,也通过占领北方四岛而控制了根室海峡,以其作为自己进入太平洋的通道。即使是近些年来苏联解体,实力下降,前苏联的主体俄罗斯也不愿放弃北方四岛,这中间主要原因乃在于俄罗斯充分认识北方四岛对于控制战略"衢地"的重大意义,因此宁可得罪日本,影响外援也不愿轻易让步。

从欧洲的战略"衢地"看,地中海可以说是首屈一指的地区。地中海有三条通路,恰如本篇所说的"衢地"一样。它们分别是:西边为英国所控制的直布罗陀海峡,东边为埃及所控制的苏伊士运河,北边为土耳其所控制的达达尼尔海峡。地中海周围有数以十计的国家,是世界上战略资源集中的地区,特别是中东的石油,非洲的矿产,更直接关系着各国的经济和军事命脉。因此,它长期以来成为大国瞩目的焦点,而要控制地中海,从战略地理看,就必须首先控制出入地中海的三条要道。于是多年来大国之间始终在为实现"据其要津"战略目的而努力。至于其手段,就是联络与国,订立同盟,寻求立足点,扩大势力范围,"重币轻使,约和旁国,交亲结恩"(《吴王孙武问对》)。可以这么说,自一战以来,地中海乃至整个欧洲上空的风风雨雨,都是与大国为控制这一战略"衢地"而进行的斗争所分不开的。

近些年来,国际战略格局发生了重大变化,然而,大国间为争夺世界战略"衢地"的斗争仍在延续,这一现实表明,孙子有关兵要地理问题的论述,其基本价值依旧存在。

(二)精辟深刻的战略突袭原则及其方法。

为了实现速战速决的战略意图,达到"兵不顿而利可全"的目的,孙子提倡采取突然袭击的方式来展开战略进攻行动,主张纵深突袭,出敌不意,威加于敌,一举而克。

第一,战前秘密决策,隐蔽准备。为了确保突然袭击的顺利进行,孙子主张要在战前"厉于廊庙之上,以诛其事",保证军事机密不致泄露。这首先是"夷关折符",即封锁关口,销毁通行凭证,以防止敌方间谍潜入侦察。其次是"无通其使",即不接受敌人新派使臣来国,以防其高明的间谍见微知著,察觉我方的战略意图;也不允许敌方使臣回国报告消息,预作防范。总之,巧妙地加以伪装,诱使敌人放松戒备,暴露弱点,如篇末所说:"始如处女,敌人开户。"

第二,及时把握进攻时机,正确选择主攻方向。这是指导战争活动的通则,更是决定战略突袭成败的关键。关于高明把握进攻时机问题,孙子强调优秀的作战指导者应该善于捕捉战机,一旦发现敌人呈示弱点,有机可乘,便要以迅雷不及掩耳的速度发起进攻,"敌人开阖,必亟入之",打得敌人措手不及,丧失主动,即所谓"后如脱兔,敌不及拒"。而战争指导者则要在这个过程中,充分发挥主观能动性,通过"顺详敌之意"、"运兵计谋,为不可测"等方法,来催化有利进攻时机的形成。

关于选择主攻方向问题,孙子主张在实施战略突袭之时,要做到"并敌一向,千里杀将","兵之情主速,乘人之不及,由不虞之道,攻其所不戒也"、"先夺其所爱",等等,即集中优势兵力,以迅猛的速度,打击敌人既是要害而又无戒备的地方,大量杀伤敌之有生力量,事半功倍地解决战斗。

第三,巧妙灵活地变换战术,刚柔兼济,因敌变化。在战役战斗中,灵活用兵,巧妙指挥是实现战略突袭目标的另一个主要环节。孙子对此进行了认真探索,提出了有关的原则和方法。其中心内容是"践墨随敌,以决战事",即根据敌情的变化,灵活机动地决定自己的战术运用。诸如:隐蔽自己的作战企图,示形于敌,调动对手,"易其事,革其谋"、"易其居,迂其途";布列阵势要如同常山之蛇一般,灵活自如,反应敏捷,善于策应,等等。其宗旨就是强调灵活的指挥,多变的战术,反对墨守成规,避免贻误战机,陷于被动。

第四,是大胆坚决地深入重地,把战争指向敌人的腹心地区。孙子主张以坚决果断的行动,迅速快捷地将军队插入到敌人的心脏地带，"帅与之深入诸侯之地，而发其机"，"信己之私，威加于敌"，以保证战略突袭行动的成功。为达到这一目的，他要求在敌国浅近纵深的"轻地"要迅速通过，不作纠缠，即使是敌之战略前哨的"争地"，也要巧妙迂回，决不旁骛。同时，要实行脱离后勤保障的无后方作战，依靠对敌国的劫掠来补充自己军队的粮草，"掠于饶野，三军足食"。

综上所述，孙子关于战略突袭的指导思想是，以优势的兵力，多变的战术，出敌不意的时间、方向，深入敌之重地，给敌人以毁灭性的打击。在战术上，收到"使敌前后不相及，众寡不相恃，贵贱不相救，上下不相收，卒离而不合，兵合而不齐"的效果；在战略上，达到"伐大国，则其众不得聚；威加于敌，则其交不得合"，"其城可拔，其国可隳"的目的。

孙子这一思想，深刻地揭示了进攻突袭作战的普遍规律，曾在实践中得到广泛的应用，孙子本人亲自参与指挥的破楚入郢之战，可以说是这一原则的实战诠释。

这次影响春秋晚期战略格局演变的重大战争，以吴军五战入郢、大获全胜而告终。而吴军之所以取胜,除了其政治清明,具备一定的经济、军事实力,善于进行外交活动,争取到晋国的支持和唐、蔡两国的协助外,关键在于其作战指导的高明。而这种高明,集中体现为吴军正确遵循了孙子的战略突袭原则。一是"顺详敌之意",采取疲楚误楚的正确策略,使楚军疲于奔命,并且松懈戒备。二是正确把握进攻时机,明智选择主攻方向,乘隙蹈虚,实施远距离的战略突袭,迫使楚军在十分被动形势下仓猝应战。三是把握有利的决战时机,先发制人,在柏举地区一举击败楚军主力。四是适时展开战略追击,不给楚军以重整旗鼓,进行反击的任何机会,真正做到了"伐大国,则其众不得聚"这一点,顺利实现了吴军预定的战略目标。

（三）正确认识和运用军事心理学知识,激励士气,充分发挥部队的战斗力。

人作为战争的主体,其精神面貌的好坏,参战意识的强弱,在一定程度上决定着战争的胜负。因此,重视人的心理因素,激励士气,发挥部队的战斗力,乃是战争指导者在管理部队、指导战争时必须优先考虑和解决的问题。

孙子是我国历史上第一位系统阐述军事心理学的兵学家,军事心理思想是他兵学理论体系中的重要组成部分。在本篇中,他对军事心理学作了最原始的考察,提出了在正确认识军队心理状态的基础上,激励士气,鼓舞斗志,夺取胜利的原则和方法。

孙子认为,"人情之理,不可不察"。鉴于这样的认识,他对部队在不同情况下的心理反应进行了细致的分析。首先,他从作战区域的远近角度阐述了军心士气的凝聚或涣散问题。指出凡是进攻作战,越是深入敌国的重地,就越能巩固军心,振奋士气,立于不败之地:"凡为客之道,深则专,浅则散","深入则专,主人不克"。接着,孙子探讨了导致这种现象的内在原因,认为这是由部队的心理状态所决定的,即在本土作战,斗志容易涣散,士卒容易逃亡。反之,如果远离乡土,深入敌国腹地,处境危殆,那么,他们为了自己的生存,就会死里求生,拼死作战,"深入则拘,不得已则斗"。

孙子进而论述了部队作战中更为普遍的心理活动规律,这就是"兵之情,围则御,不得已则斗,过则从"。指出将部队置于无路可走的"绝境",全军上下就会在求生意识的驱使下,奋起战斗,以十倍的英勇,百倍的坚韧,与敌决战。强调这是军队作战心理的一般共性:"投之无所往,死且不北。死,焉不得士人尽力,兵士甚陷则不惧,无所往则固。"

在这种认识的基础上,孙子系统提出了运用部队作战心理的具体方法,强调要巧妙利用这一心理,因势利导,使官兵深陷危殆的环境,诱迫其为生存而死战。具体地说,就是"塞其阙","示之以不活","投之亡地","陷之死地"。而要做到这一点,则需推行"愚兵"之术,"能愚士卒之耳目,使之无知","若驱群羊,驱而往,驱而来,莫知所之"。让士卒成为一群没有头脑,供将帅任意驱使的战争工具。这样,将帅在利用部队心理"投之无所往"之时便可得心应手了。孙子认为,一旦"愚兵"得逞,那么士卒的战斗潜能便可得到充分的发挥,就可造成"携手若使一人"的理想局面,实现自己的战略意图。

应该说,孙子的军事心理思想反映了古代社会统治者与普通士兵之间的阶级对立本质属性。然而我们也应该看到,惧怕死亡,珍惜生命乃是人的本能,即所谓"夫农,民之所苦;而战,民之所危也"(《商君书·算地》),而战争却需要人们克服对死亡的恐惧,奋不顾身,殊死拼搏,虽然不同阶级为达到这一目的所使用的手段不一样,但所要收到的效果却有一致之处。从这个意义上说,孙子掌握和运用军队心理的原则和方法,就不无合理的因素,不可简单否定。

历史上借鉴汲取孙子军事心理思想,用以指导战争实践的现象相当普遍。其中以秦汉之际韩信背水列阵大破赵军最为典型。在这次战役中,韩信根据己方兵力寡少、军心不固以及深入重地等实情,并针对赵军主帅陈馀"不用诈谋奇计"的迂腐特点,遵循孙子"投之亡地然后存"的作战原则,"陷众于害",背水列阵,激发起汉军将士人人死战、个个拼命的昂扬斗志,抑制住赵军的攻势,同时出动奇兵袭占赵军大营,使赵军腹背受敌,阵脚大乱。韩信乘机发动反击,终于阵斩陈馀,大获全胜,一举灭赵,实现了断楚之右臂的战略目的。

但是"投之亡地然后存"的作战心理原则,如同孙子其他兵学原则一样,固然是制胜法宝,但并非教条。换言之,实践这一原则,要有一定的条件,如将帅足智多谋,敌将颟顸无能,及时出动奇兵策应等等。总之是要灵活运用,因敌变化,而不能死守拘泥。历史上就有因死啃教条,不能灵活掌握这一原则而导致惨败,贻笑天下的。如三国时期马谡不讲条件侈谈"陷之死地然后生"原则,舍水上山,放弃要冲,最终惨遭败绩,痛失街亭,致使诸葛亮兵首次出祁山计划全盘皆输,就是这方面的明显例子。由此可见,要正确发挥孙子军事心理思想的巨大威力,必须辅之以具体的条件,实施高明的指导,用孙子自己的话说,就是"兵无常势,水无常形,能因敌变化而取胜者,谓之神"。

在军事科技迅猛发展的今天,人的因素在军事斗争中的地位和作用之重要性丝毫未见降低。因此正确运用军事心理学理论管理部队、指导战争依然是一个重要

**马谡失街亭**

的课题。美军是目前世界上武器装备最为先进的军队，可它却非常重视掌握、运用军事心理学理论，积极摸索利用人的心理因素以达到克敌制胜目的的途径。如它主张内部的团结，其SPAP心理训练计划中的重要一条即是"维护部队内部的团结"。又如它善于对敌进行心理战,在海湾战争、科索沃战争、阿富汗战争以及伊拉克战争中,通过散发传单、扩音广播、寄送电子邮件等方法,开展强大的政治、军事攻心,动摇对手的抵抗意志,瓦解对手的军心士气,收到了较大的效果,为夺取战争的胜利创造了有利的条件。美军的做法,也给我们以一定的启发,即在现代高科技战争条件下,军事心理学活动的舞台更见广阔,大有可为,而《九地篇》所反映的军事心理思想,作为中国古代军事文化遗产的组成部分,只要去其糟粕、取其精华,仍可以为我们从事军队建设、指导未来反侵略战争提供有益的借鉴,发挥积极的作用。

# 十二、火攻篇

　　火攻,指以火助攻,杀伤敌之有生力量,摧毁敌之战争资源,从而夺得战争的胜利。曹操注云:"以火攻人,当择时日也。"王皙注云:"助兵取胜,戒虚发也。"皆符合孙子本篇主旨。

　　本篇是我国古代最早系统总结火攻经验和特点的专门文字,主要论述了春秋以前火攻的种类、条件、实施火攻的方法以及火发后的相应应变措施等问题,并提出了"安国全军"的慎战思想,具有重要的军事学术价值。

　　孙子曰:凡火攻有五:一曰火人①,二曰火积,三曰火辎,四曰火库,五曰火队②。行火必有因③，烟火必素具④。发火有时，起火有日。时者，天之燥也；日者，月在箕、壁、翼、轸⑤也；凡此四宿者，风起之日也⑥。

① 火：用作动词，焚烧。以下"火积"等之"火"字义同。人：指敌方人马。　② 队：通"隧"，道路，指敌方之交通转运设施。　③ 行：实施。因：依据，此指进行火攻的必备条件。④ 烟火：发火器材燃料。素：平素、经常。具：准备妥当。⑤ 箕、壁、翼、轸：中国古代二十八星宿中的四个。　⑥ 四宿：即箕、壁、翼、轸四个星宿。古人认为月球行经这四个星宿的位置时，正是起风的日子。这个认识未必与实际相应，不能认为是科学的认识。

凡火攻，必因五火之变而应之①。火发于内，则早应之于外②。火发兵静③者，待而勿攻，极其火力，可从而从之，不可从而止。火可发于外，无待于内，以时发之。火发上风，无攻下风。昼风久，夜风止④。凡军必知有五火之变，以数守之⑤。……

① 因：根据、利用。五火之变：指"火发于内"至"昼风久，夜风止"等五种不同情况。诸家多以"五火之变"为"火人"等五种火攻方式，不确。应：策应、采取对策。　② 早应之于外：及早在外部署兵力进行策应。③ 兵：此处指敌军。静：安静、沉着、不慌乱。　④ 昼风久，夜风止：意为白天风刮久了，夜里风势就会止息。一说，白天借风火攻，军队可以进击；夜里火攻时，军队不能随之进击。　⑤ 数：星宿运行度数，引申泛指实施火攻的条件。守：等候，等待。

夫战胜攻取，而不修其功者，凶，命曰费留①。故曰：明主虑之②，良将修之③。非利不动，非得不用，非危不战。主不可以怒而兴师④，将不可以愠而致战⑤；合于利而动，不合于利而止；怒可以复喜，愠可以复悦，亡国不可以复存，死者不可以复生。故明君慎之，良将警之，此安国全军之道也。

① 费留：财货耗费而师老淹留。张预注："财竭师老而不得归,费留之谓也。"　② 虑：谋虑、思考。　③ 修：整治。此处是儆戒的意思。　④ 以：因为、由于。　⑤ 愠：恼怒、怨愤、忿懑。

"赤壁楼船扫地空","烈火张天照云海",这两行形象鲜明、大气磅礴的诗句,出自唐代伟大诗人李白的《赤壁歌送别》,它同宋代苏东坡千古绝唱《念奴娇·赤壁怀古》词一样,为人们绘声绘色地重现了公元208年曹操、孙权、刘备三方赤壁大鏖战的生动情景。这场决定魏、蜀、吴三国鼎立之命运大战的最基本特色,就是"火攻破敌"、"羽扇纶巾,谈笑间,樯橹灰飞烟灭"。处于战略劣势地位的孙、刘联军,巧妙地以火助攻,烧得数十万曹操雄师溃不成军,狼狈北窜。曹孟德横槊赋诗、并吞寰宇的气概雄心,"周公吐哺,天下归心"的远大理想,就此付诸东流,抱恨终天!

在中国古代战争史上,除了野战、城池攻守等常规战法外,还有形式多样的特殊战法,如山地战、荒漠战、丛林战、河川战、夜战、雪战、水战、火攻等等。这中间尤以火攻为人们所瞩目,上演过一幕幕惊心动魄的战争场面。

所谓"火攻",就是用放火燃烧的办法打击敌人,歼敌有生力量,以克敌制胜。在古代冷兵器作战的条件下,火攻乃是威力最强大,效果最明显的作战手段之一。火攻一旦奏效,便会使敌方器械物资、城池营垒片刻化为乌有,三军人马瞬间毁伤殆尽,从而为纵火的一方主力进攻创造良好的作战态势。所以明代杰出军事家戚继光曾不无感慨地说:"夫五兵之中,唯火最烈;古今水陆之战,以火成功最多。"(《练兵实纪·杂集》卷二)

孙子所处的春秋晚期属于典型的冷兵器时代,使用的兵器主要是戈、戟、矛、弓箭、剑等,锋刃相接,弓矢交射的作战形式主要靠的是力与力的直接对抗与较量,战胜敌人的一方往往也要付出相当的代价,人员、物资的消耗相对较大,战争效益相对较低。在这种条件下,火攻作为一种用力小而功效大的重要进攻方式,自然要引起当时兵家的高度重视,孙子在这方面也不例外。为此,他在《孙子兵法》中专辟一篇集中论述这一问题,内容包括了火攻的种类、实施火攻的条件与方法,兵攻与火攻之关系等等,从而对春秋时期火攻作战经验作出了全面的总结。

孙子对火攻问题的阐述具有严谨的逻辑性,换言之,即有着清晰的层次性。它包括以下几个方面:

第一,充分肯定火攻在军事斗争中的地位和作用。孙子明确指出,以火助攻,是提高军队战斗力,卓有成效打击和消灭敌人,夺取作战胜利的重要作战手段,"以火佐攻者强"。有了这样的认识,讨论火攻的具体问题便具备了基础。

第二,根据打击对象的不同,把火攻的方式具体区分归纳为五大类。即焚烧敌军人马(如赤壁之战、夷陵之战等情况),焚烧敌军粮草(如官渡之战中曹军乌巢烧粮之举),焚烧敌军辎重,焚烧敌军仓库,焚烧敌方交通线。这五种火攻形式,分别之实际上就是两大类,一是直接打击和消灭敌人的有生力量;二是摧毁敌人的后勤机器,剥夺敌人赖以支持战争的物质资源。它们其实几乎囊括了古代作战所涉及的各个重要方面。

第三,论述实施火攻的具体条件,指出要使火攻发挥应有的作用,必须正确选择火攻的时机。孙子指出,火攻的实施必须依赖于一定的条件。这种条件包括两个方面:气象条件和物质条件。就气象条件说,是"发火有时,起火有日",即选择气候干燥与月亮行经箕、壁、翼、轸等星宿位置这样的有利时机(后者用今天的眼光看并不科学,且其为天文现象,而非气象条件)。就物质条件而言,是"行火必有因,烟火必素具",即火攻器材必须平时预作准备。孙子认为,一旦具备了这些条件,即可以考虑在作战中运用火攻手段了。孙子这样看问题,是有他的道理的。因为孙子所说的火攻与后世(火器时代)乃至当代(核武器时代)的火攻完全不同,在当时的条件下,火攻主要是利用松脂、艾草等易燃物因风纵火,借以造成敌方的伤亡和损失。它受到多种因素的制约,不能随时随地使用,只是一种特殊的辅助性进攻手段,所以必须先讲求有关的气候及物质条件。

第四,火攻与兵攻的有机结合。火攻不是简单地用纵火之法去掠扰敌人,而必须按照一定的火攻战术来进行,其基本要领,就是使火攻与兵攻得到有机的结合,发挥最大的战斗能量。为此,孙子明确提出"必因五火之变而应之"的原则,即利用纵火所引起的敌情变化,采取不同的火攻战术,并及时以主力进行相应的配合策应,指挥部队发起攻击,以扩大战果,奠定胜局。孙子这样辩证分析问题,其实的确非常有必要,因为火攻固然威力强大,效果显著,但如果不知灵活掌握,随机处宜,就不能使其发挥应有的作用,有时甚至会给自己带来灾难。如南朝梁代侯景叛军火攻巴陵一役中,失火自焚兵马,导致大败,就是明显的例子。所以卓越的指挥员在实施火攻时,一定要针对敌情的变化,灵活加以处置。孙子早在二千五百年前即注意到这一问题,系统提出"必知有五火之变,以数守之"的方法,告诉大家要掌握"火发于内,则早应之于外","火发上风,无攻下风"等具体要领,足见他认识高明,语重心长。

孙子的《火攻篇》奠定了中国古代有关火攻问题理论体系的基础。自孙子以后,人们对火攻的理论阐述仍不绝于书,如进一步探求实施火攻的条件,研讨火攻与兵攻相结合的方式途径等等。然而它们都未能超越孙子本篇所构筑的基本框架。

上下数千年,以火攻克敌制胜的著名战例宛若秋夜繁星,不可胜数。其中比较突出的就有东汉班超通西域过程中的破鄯善之战,三国时期孙刘联军大败曹师的赤壁之战,东吴陆逊火烧连营、大破刘备的夷陵之战,北宋初年潘美火攻刘鋹夺占广州平定南汉之战,曹彬火烧水寨攻取金陵灭亡南唐之战,元末朱元璋鄱阳湖借助火攻歼灭陈友谅主力之战等等。这些战役的指挥者,之所以能巧妙运用火攻手段,取得卓越的成功,归根结底都是他们自觉或不自觉贯彻孙子"火攻"理论的结果。

在诸多"火攻"成功战例之中,赤壁之战堪称最为典范。

赤壁大战爆发于公元208年。当时曹操统一了中原地区,踌躇满志,决心乘胜南下,完成统一全国的大业,于是发兵二十余万,浩浩荡荡杀向长江一线。孙权与刘备两股势力,面临生死存亡的紧急关头,遂携手合作,联兵五万,沿长江一带实施战略防御。

**火烧赤壁**

当时曹军人马虽多,但大多数是不习水性的北方骑兵,加之水土不服,发生瘟疫,严重削弱了战斗力,于是不得已把战船首尾连接起来,以求水营平稳。周瑜部将黄盖视情建议用火攻破敌,周瑜欣然采纳,并决定由黄盖致书曹操,诈示归降。到约定受降的时间,黄盖亲率蒙冲斗舰多艘,满载干草,灌以油脂,巧加伪装,乘着东南风起,全速向曹营驶去。曹军上下以为黄盖如约来降,毫无戒备。距离曹营二里处,来船突然点火,像一支利箭顺风射向曹营,"火烈风猛,船往如箭"。曹军舰只首尾相连,无法逃避,顷刻间烧成一片火海,火势还很快蔓延至岸上陆军大营。曹军被烧得鬼哭狼嚎,烧死、溺死者不计其数。孙、刘联军主力乘机擂鼓跟进,穷追猛打,扩大战果,终于大败曹军,取得以少胜多、以弱胜强的辉煌战果。

赤壁之战作为我国历史上火攻的典型战例,充分体现了孙子"火攻"作战理论的精髓要义。孙、刘联军的取胜,关键在于他们贯彻了孙子"火攻"的基本原则。首先,他们充分做好了实施火攻的准备,即预备了火攻器材干草油脂和用于突击的蒙冲、斗舰等物,这就是所谓"行火必有因,烟火必素具"。其次,他们也做到了"发火有时,起火有日",即充分利用东南风大起的机会,及时地放火焚烧曹军的战船与大营。其三,正如孙子所说:"火发于内,则早应之于外。"使火攻与兵攻有机结合起来。周瑜、刘备等人在实施火攻袭击方案得手的情况下，不失时机地率领主力舰队横渡长江，乘敌人混乱不堪之际，迅猛予以攻击，从而扩大了战果，赢得了彻底的胜利。孙、刘联军在赤壁鏖战中的突出表现，证明了它的统帅集团不愧为谙熟"以火佐攻"，"五火之变，以数守之"这一火攻原则的杰出代表，也反映了孙子"火攻"战术思想在冷兵器时代的深远影响。从这个意义上说，孙子的"火攻"原则及其方法业已经受住了历史的验证，而成为中华兵学宝库中的璀璨瑰宝了。

除了重点论说火攻的对象、功能、作用以及具体战术外，孙子在本篇中还提出了慎战修功、安国全军的重要思想。这也是值得我们予以充分重视的。在孙子看来，安定国家，保全军队是从事战争最根本的目的，一切都应该围绕这个中心来进行，所以，他强调君主和将帅对战争要慎重从事，"战战兢兢，如履薄冰"，做到"非利不动，非得不用，非危不战"，对于那种缺乏明确而合理的政治目的或战略目标而轻启战端的愚妄行为，孙子持坚决反对的态度。他着重指出国君不可以凭个人的好恶喜怒而贸然发动战争,将帅也不可以逞一时的意气而轻率动武开打,无论是战是和,都必须以利益的大小或有无为依据:"合于利而动,不合于利而止。"认为这才是真正的"安国全军"之道。否则"战胜攻取,而不修其功者,凶,命曰费留",到头来一定会受到现实的惩罚。

先秦时期,由于崇尚人本精神与执著功利原则两种价值取向的对立,当时的思想学派对战争的地位与作用问题也形成了两种截然不同的看法。儒、墨、道三家对战争这一事物深恶痛绝,认为它违背人性,逆反天理,导致灾难,故必须予以坚决的反对和否定,为此他们主张"非攻"、"去战"、"羞兵"。而法家则认为战争发生必然而合理,是清除割据,进行兼并,完成统一的必由之路,同时也是振奋民心,杜绝"六虱",净化社会空气的有效措施,所以积极提倡"积务于兵",用战争手段达到自己的目的。前者可称为"德化至上论",后者则可视作"战争万能论"。

这两种思潮就其性质而言都是双重的。儒、墨、道的"非攻"、"去战"、"羞兵"思想,从道德层面看,有其不可忽视的积极内涵,具有批判社会现实,揭露战争弊端的合理一面,客观上表达了饱受兵燹灾难的广大民众渴望社会安宁、稳定的良好愿望,反映了这些学派追求和平,突出人道的努力。然而从历史发展的规律看,他们的观点又不无可针砭之处。的确,战争反人道,但却符合历史发展的要求;"仁政"、"兼爱"、"无为"合于人道,但却解决不了历史提出的问题。从人道的角度看,当时的战争不可取;从历史的角度看,当时的战争又不可无。儒、墨、道诸家以"仁政"、"兼爱"、"无为"诸原则否定当时的战争,这实际上是使自己的理论沦落为苍白无力的说教。

法家在战争观念上执着功利原则,充分反映了新兴势力在军事思想领域中的积极进取风貌,其"以盛知谋,以盛勇战,其国必无敌"(《商君书·靳令》)的"主战"立场,具有强烈的现实意义,是适应时代潮流的理论。但是,法家只讲求功利而抹煞人性,过于热衷战争,将战争抬高到不适宜的地位,以为战争可以解决一切问题,而完全忽略人的存在,否定政治教化的作用,主张纯任暴力而彻底抛弃人道，这显然是十分偏颇片面的。

　　而孙子"安国全军之道"审慎用兵的理念，较之于儒、墨、道之流一味"非攻"、"去战"、"羞兵"立场无疑要实事求是，更接近于真理；而与以《商君书》为代表的法家单纯"主战"理论相比，则显然要平允公正，具有更大的合理性。的确，"合于利而动，不合于利而止"，乃是从事任何活动的根本依据，战争作为暴力的政治行为，更应该遵循这一宗旨。而要真正贯彻落实兵"以利动"的精神，国君和将帅乃是关键。因为在古代社会，国君是一国的主宰，他的一举一动，都直接关系着国家的安危存亡，这在"国之大事"战争问题上尤其如此。身为国君者如果遇事不能沉着冷静，从容不迫，仅凭一腔热血而轻率发动战争，那么，其后果很有可能会是灾难性的。至于将帅，乃是一支军队的统帅，他指挥是否得当，与战争的胜负关系极大。遇事冷静，处乱不惊，不为利诱，不为辱怒，"静以幽，正以治"，乃是将帅应该具备的基本素质，也是军队克敌制胜的重要保证。有鉴于此，孙子才一再谆谆告诫统治者切切"不可以怒而兴师"，苦口婆心地奉劝将帅们万万"不可以愠而致战"。

征之于史，可知孙子这种"慎战"理论实乃不刊之论，正如明代戚继光所说的那样："孙武之法，纲领精微，莫加焉。第于下手详细节目，无一及焉，犹禅者上乘之教也。"（《纪效新书·自序》）像楚汉战争时期成皋之役中项羽大将曹咎"以愠致战"终遭杀身，三国时期夷陵之战中刘备"以怒兴师"招致惨败，明末李自成攻克北京、推翻明朝后"不修其功"断送天下，等等，都是违背孙子谆谆教诲的必然结果。

# 十三、用间篇

　　用间：间，指间谍。《说文解字》云："间，隙也。"《尔雅·释言》："间，俔也。"郭璞注云："《左传》谓之谍，今之细作也。"曹操、李筌注曰："战者必用间谍，以知敌之情实也。"其说甚是。可知所谓用间就是"谍知敌情，而乘间隙入之也"，这正是自古以来军事侦察的目的之所在。

　　本篇是《孙子兵法》全书中最后一篇，主要论述在战争活动中使用间谍以侦知、掌握敌情的重要性，以及间谍的种类划分、基本特点、使用方式等等。它是孙子从理论上对前人丰富的用间实践经验的系统总结，是中国古代用间思想体系基本形成的重要标志。

孙子曰：凡兴师十万，出征千里，百姓之费，公家之奉，日费千金；内外骚动①，怠于道路，不得操事者②，七十万家③；相守数年④，以争一日之胜，而爱爵禄百金，不知敌之情者，不仁之至也，非人之将也，非主之佐也，非胜之主也⑤。故明君贤将，所以动而胜人⑥，成功出于众者，先知也。先知者，不可取于鬼神，不可象于事⑦，不可验于度⑧，必取于人，知敌之情者也。

① 内外骚动：指举国上下混乱不安。内外，前方后方的通称。　② 操事：操作农事。　③ 七十万家：比喻战争对从事正常农业生产影响之大。曹操注："古者八家为邻。一家从军，七家奉之。言十万之师举，不事耕稼者七十万家。"
④ 相守：相持、对峙。　⑤ 主：主宰。梅尧臣注："非致胜主利者也。"一说，"主"指人主、国君。　⑥ 动：指出兵。
⑦ 象于事：用类比的办法了解敌情。杜牧注："象者，类也。"
⑧ 验于度：用日月星辰运行的位置推验吉凶祸福。验，验证。

度,天象的度数(位置)。

　　故用间有五,……五间俱起,莫知其道,是谓神纪①,人君之宝也:因间者②,因其乡人而用之③。内间者,因其官人而用之④。反间者,因其敌间而用之⑤。死间者,为诳事于外⑥,令吾间知之,而传于敌间也。生间者,反报也。

　　① 神纪:神妙莫测之道。纪,方法、法度。　② 因间:即"乡间"。张预注:"因间当为乡间,故下文云'乡间可得而使'。"　③ 因:依据,引申为利用。乡人:同乡之人,也泛指故旧、友朋。　④ 其:指敌方。官人:官吏。梅尧臣注:"因其官属,结而用之。"　⑤ 因其敌间而用之:指收买或利用敌方的间谍,使其为我所用。　⑥ 诳:欺骗、瞒惑。

　　故三军之事,莫亲于间①,赏莫厚于间,事莫密于间。非圣智不能用间,非仁义不能使间②,非微妙不能得间之实③。微哉!微哉!无所不

用间也。间事未发，而先闻者④，间与所告者
皆死。……

① 莫亲于间：意谓关系的亲密无过于所委派的间谍。
② 非仁义不能使间：指吝啬金钱、爵禄，不能以诚待间，就不
能使间谍乐于效命。　③ 非微妙不能得间之实：不能用心精
细、手段巧妙，就无从对所获取情报的真伪进行正确的分析判
断。张预注："须用心渊微精妙，乃能察其真伪。"　④ 先闻：
事先知道，即暴露。

必索敌人之间来间我者，因而利之①，导而
舍之②，故反间可得而用也。因是而知之，故乡
间、内间可得而使也；因是而知之，故死间为诳
事，可使告敌；因是而知之，故生间可使如期③。
五间之事，主必知之。知之必在于反间，故反
间不可不厚也④。

① 因：顺势、趁机。利：杜佑注："遗以重利。"意即收买。

② 导：加以诱导，赵本学曰："厚利以诱其心，导之以伪言伪事。"舍：释放、放行。　③ 如期：按期，此指按期返回报告敌情。　④ 厚：厚待，除优厚的待遇外，也包含重视的意思。

　　昔殷之兴也[①]，伊挚在夏[②]；周之兴也[③]，吕牙在殷[④]。故惟明君贤将，能以上智为间者[⑤]，必成大功。此兵之要，三军之所恃而动也。

　　① 殷之兴：指商汤灭夏（约在公元前 16 世纪）建立商朝。② 伊挚：即伊尹，商朝贤臣，开国元勋，生于夏地，熟悉夏的内情，商汤用他为相。　③ 周之兴：指公元前 11 世纪周武王伐纣灭商建立周朝。　④ 吕牙：即吕尚，姜姓，吕氏，字子牙，号太公望，俗称姜太公。商朝末年人，原为商纣臣，周文王立以为师。　⑤ 上智：最有智慧谋略的人。

　　西方近代大军事学家、瑞士人若米尼在其《战争艺术概论》"战争勤务或调动军队的实用艺术"一节中，把通过侦察和间谍手段获取敌方情报，列为战争勤务学的主要内容之一:"组织和指挥各种侦察,通过这种侦察和间谍手段获取有关敌人配置和运动的尽可能准确的情报。"若米尼强调指出,战争中实施巧妙机动的最重要的条件之一,无疑是在下达命令之前必须切实掌握敌人行动的情报。而要详细掌握敌军的内部情报,最可靠的方法莫过于间谍活动。为此,他认为在四种判断敌军行动的方法之中,建立一个完善的花费巨大的间谍网乃是首屈一指的方法。显而易见,若米尼是把善用间谍视为克敌制胜的基本前提的。

无独有偶,兵圣孙武同样重视用间,强调它是"三军之所恃而动"的根本。而且值得我们中国人骄傲的,孙子这一思想的提出,要整整早于若米尼两千余年,这从一个侧面说明,在很长时间里,中国的军事思想在世界上是占据领先地位的。

作为《孙子兵法》全书中最后一篇,本篇主要论述在战争活动中使用间谍以侦知、掌握敌情的重要性,以及间谍的种类划分、基本特点、使用方式等等。我们知道,"知彼知己,百战不殆"以及"知彼知己,胜乃不殆;

知天知地,胜乃不穷",作为一条基本的思想主线,贯穿
于《孙子兵法》十三篇之中,而本篇正是从论述战争中
如何使用间谍及使用间谍的重要作用的角度,体现了
"知彼"的那一面,即在战前和战争过程中对敌方作出
详细而周密的调查研究,从而掌握敌人的虚实、方略和
部署,在此基础上有针对性地制定出正确的作战方案。
从这个意义上讲,本篇是一篇从战略高度探讨用间问题
的精彩文字,是我国古代用间理论建设的不祧之祖。

第一,从战略的高度,强调用间以掌握第一手的敌
情材料的重要性。孙子主张,作为胜利的主宰者应当
"先知",即预先掌握敌情,努力做到"知彼知己";而要
"知彼"的关键,则在于"知敌之情实",其中最为重要的
手段之一,就是用间。换言之,在孙子的眼中,用间是具
有战略意义的工作,"故惟明君贤将,能以上智为间者,
必成大功。此兵之要,三军之所恃而动也"。这里,我
们认为孙子重视用间的思想有三大时代特色值得引起
高度注意和充分肯定。

一是孙子的用间观乃是其战争效益理论的体现,即

他提倡用间是因为他核计战争成本之后的必然选择。孙子认为,战争在当时的历史条件下是不可避免的选择,然而它所带来的消极后果也是十分明显的,它造成国家资源的巨大耗费,使广大民众付出沉重的生命代价,高明的战争指导者应该清楚地看到这一点,尽可能设法将战争所造成的损失减低到最小的程度。而同战争的巨大耗费相比,用间实在是代价小而收效大的好办法,是掌握主动,出奇制胜的锐利武器,因此必须充分运用。反之,如果因为吝啬金钱爵禄而不重视谍报工作,盲目行动,导致战争的失败,那就是"不仁之至",必将成为国家和民众的罪人。

二是孙子的用间观念,是对旧"军礼"传统的勇敢挑战。在"动之以仁义,行之以礼让"(《汉书·艺文志·兵书略》)这样的"军礼"传统氛围之下,用间被视为是不道德的行为,因为它与贵"偏战"(各据一面而战)而贱"诈战"的原则相背悖,故而遭到贬斥。孙子认为,这种"蠢猪式的仁义"是完全违背军事斗争的一般规律的,才是真正的不仁义,不人道,所以他鲜明主张用间,为用间正名,为胜利呐喊。

三是孙子的用间观念,是对卜筮占验迷信预测的革命。孙子生活的时代,上古三代流传下来的卜筮占验之风依然很盛行,人们往往依据卜筮的结果来择定作战日期与作战地域,判断胜负之数,即所谓"卜筮至预见表象,先图其利"(《史记·龟策列传》)。孙子坚决反对这种做法,认为"先知者,不可取于鬼神,不可象于事,不可验于度",指出正确的方法应该是"必取于人,知敌之情者也"。这实际上是突出强调在掌握敌情问题上人的主观能动作用,充满了朴素的唯物精神,摆脱了当时笼罩在兵学思想界的神怪诡异迷雾,使其"先知"的主张建立在科学理性的基础之上,殊为难能可贵。

第二,系统全面地阐述了使用间谍的一般原则和具体方法。应该说,"用间"作为先知敌情的重要手段,早在孙子之前已为一些人所认识了。在上古不少战争中已广为进行间谍战,然而孙子的可贵之处,是善于总结前人的经验,并加以理性的提炼和升华,使古代用间思想得到一次质的飞跃。

　　首先,孙子对间谍的种类进行了比较准确的划分。孙子将用间活动按其性质与特点分成五大类,第一种叫因间,又叫乡间,主要是利用敌方的同乡亲友关系打入敌人内部。第二种为内间,即罗致收买敌方的官员为间谍,通过他们收集高度机密的情报。第三种为反间,就是设法使敌人的间谍自觉不自觉地为我方所利用,从而达到扰乱敌人视听,搜集情报的目的。第四种为死间,就是故意泄露虚假情报,牺牲己方间谍以诱使敌人上当受骗。第五种为生间,就是让己方间谍在完成搜集情报的任务之后,能够平安地返回报告敌情。应当说,孙子关于"五间"的划分是相当合理和准确的,综观古今中外著名的间谍活动,大多不超出因间、内间、反间的范围。

　　在指出"五间"的不同特点和功用的同时,孙子进而主张"五间俱起",使敌人无法了解我方用间的规律,处处被动挨打,无法摆脱失败的命运。孙子特别强调,在用间问题上要抓住关键,突出重点。这个关键,就是在"五间"之中要以"反间"为主,带动其他四间,广开情报来源,动员各种类型的间谍运用各种手段窃取敌人的情报,使得敌人的反间谍机构"莫知其道",陷入一筹莫展的困窘境地,从而获得纲举目张之效:"五间之事,主必知之,知之必在于反间。"所以对反间要不惜重金收买,给予十分优厚的待遇。

孙子"五间俱起"而以"反间"为主的用间方法论,富有深刻的哲理性。这就如同作战指导要做到灵活主动、变化莫测一样,在用间问题上也要善于运用多种手段,应变无穷,真真假假,虚虚实实。既突出重点,又灵活制宜,这种"因情用兵"的思想方法,表明孙子真正掌握了神妙无比的用间之道,进入了用间的上乘境界。

其次,系统地提出了用间的三项基本原则,进一步论证了间谍工作在军事活动中的地位,说明谍报问题的关键性、优越性和机密性,这就是所谓的"三军之事,莫亲于间,赏莫厚于间,事莫密于间"。

孙子用间三原则的核心精神,指的是怎样保障用间行动获得预期的成功。间谍活动既然直接关系着战争的胜负成败,那么就必须以最大的努力去做好它。而要做好用间工作,真正发挥用间的作用,关键又在于在用间的过程中严格保密,使敌人无法了解和掌握我方的用间规律。所以,孙子认为用间的成功与否,取决于高度保密,毫不泄露事机,"事莫密于间",在必要的时候,甚至不惜杀人灭口:"间事未发,而先闻者,间与所告者皆死。"正因为需要高度保密,所以间谍的人选不能不是将帅的亲近心腹,使得为将者十分熟悉他们的性格、才能,能够牢牢地加以掌控;而同时他们也甘心于服从军队的整体利益,矢志不渝地效忠于将帅本人,于是用间的定位也就只能是"三军之事,莫亲于间"了。由于间谍工作带有极大的风险性,随时有被捕乃至牺牲的可能性,为了鼓励人们解除后顾之忧,甘心从事这一充满危险的行当,严守机密,默默奉献,实在有必要在物质上对他们予以最优厚的补偿,以报答他们为国家、为军队所作出的重大贡献,于是便有了"赏莫厚于间"这一原则的确立。由此可见,孙子的用间三原则乃是一个完整连贯的思路,彼此缺一不可,互为关系,互为补充,这充分反映了孙子用间基本理论的缜密性和系统性。

　　第三,孙子提出了用间的必要条件,高度推崇智慧在用间活动中的重要作用。在孙子看来,用间如同其他军事活动一样,是必须具备一定的条件的。这些条件就是"圣智"、"仁义"和"微妙"。前两者决定着能否高明地动员和驱使间谍不遗余力地去执行并完成任务,因为道理很简单,只有聪明睿智的统帅才会把用间作为克敌制胜的重要法宝来认真对待;只有仁慈慷慨的统帅才能赢得间谍的由衷信赖和拥戴,愿意赴汤蹈火,尽最大的努力去攫取敌方的情报。后者则是决定着军事统帅能否睿智地甄别、判断间谍所提供的情报之可靠真实程度。因为间谍所搜集到的情报往往真伪混杂,虚实相间,只有通过仔细分辨,去伪存真,去芜存精,才能使它们在战争中真正派上用场,发挥应有的作用,而不至于让敌人用反间计来愚弄自己,发生判断上的失误。而能够做到这一点的,也只能是那些谋虑精细、见微知著的统帅。由此可见,这三项条件互为关系,不可或缺,合在一起共同成为正确发挥"用间"强大威力的重要保证:"非圣智不能用间,非仁义不能使间,非微妙不能得间之实。"孙子之说,可谓深得"用间"之妙道矣。它完全建立在睿智善谋的基础之上,高度成熟,绝不会因时空的变迁而失去其强大的生命力。

孙子的用间思想,系统而完整,高明卓绝而又不乏可操作性,因此,后世兵家对此无不奉为圭臬。如《百战奇法》作者尝言:"凡欲征伐,先用间谍,觇敌之众寡、虚实、动静,然后兴师,则大功可立,战无不胜。"(《间战》)《经武要略》作者亦称:"兵家之有采探,犹人身之有耳目也。耳目不具则为废人,采探不设则为废军。"(《侦候》)这些言辞完全是对孙子用间理论衣钵相承。至于在实战活动中孙子用间思想得以充分的运用,那更是比比皆是,从而上演了一幕幕斗智斗勇的战争活剧。其中比较著名的,就有秦王政重金收买内间除去赵国名将李牧,刘邦采纳陈平计谋离间项羽君臣关系,郦食其二次担任死间建功立业,祖逖厚结胡春引为因间(乡间)察知敌情,岳飞巧使反间诱使金人废黜刘豫,韦孝宽利用深间除掉北齐大将斛律光,种世衡用间借刀杀人废去西夏二亲王,唐代高仁厚妙用反间平阡能,等等。

诸如此类,史不绝书,孙子的用间思想由此而得到了历史的验证。

在此,我们不妨通过元末朱元璋败陈友谅的应天之战,来简单领略一下用间斗智艺术的精髓奥妙。

公元1360年农历闰五月间,陈友谅以优势兵力进攻占据应天(今江苏南京市)的朱元璋。朱元璋采纳谋士刘基"伏兵伺隙击之"的建议,利用陈友谅自恃兵多将广,求战心切、骄傲轻敌的心理,决定巧妙用间,诱敌冒进深入,尔后设伏加以聚歼,击败来势汹汹的陈军。为此,他让陈友谅的老友、元朝降将康茂才写信向陈友谅诈降,同时在应天府郊外埋伏重兵伺机出击。狂妄自大的陈友谅不知是计,以为在大军压境之下,康茂才等人为自己预留脱身后路乃是正常现象,遂统率大军前来进攻,企图与康茂才内外夹攻,乘势破敌,夺取应天,消灭对手朱元璋势力,结果是中伏惨败,大伤元气。

是役,朱元璋从了解陈友谅性格和为人的康茂才等人那里,获知并把握住陈友谅用兵的特点,有针对性地用间,利用康茂才曾为陈友谅朋友这层关系,顺循普通人常规思路(陈强朱弱,陈胜算多而朱胜算少,为避免覆巢之下无完卵的局面,当预留退路)而反用之,采取"因间"的手段,诱骗陈友谅,促使其忘乎所以,轻举妄动,然后部署伏兵大破之。由此可见,应天之战是巧妙使间与出奇制胜作战指导的完美结合,它也从一个侧面反映了孙子用间制胜思想的积极意义和蓬勃生机。

本篇所阐述的基本思想,对世界军事史也都产生过显著的影响,据刘庆先生研究,日本的谍报人员曾把《孙子兵法》作为最大的谍报技巧专家的著作翻译成日文,而他们在1904年的日俄战争和1941年偷袭夏威夷珍珠港美国太平洋舰队前后,搜集情报和实际运用情报的策略以及具体手段大多与《孙子兵法》用间思想若合符契。同样,美国中央情报局也曾把孙子视为谍报理论的鼻祖,让所属雇员认真阅读《孙子兵法》以及按孙子用间原理写作而成的《间书》。尽管随着现代科学技术的高速发展,今天世界上已有了卫星摄影的高超技术,有了监视电讯发射的一整套先进技术设备(如全球定位仪等等),但在具体的用间和反间谍手段上,本篇所说的基本原理依然没有过时。同时，需要指出的是，即使是最先进的高技术侦察手段，也无法完全取代人工搜集情报的功能，以人为本位的用间活动，在现代战争乃至未来战争中仍有它重要的位置，这一点在美军推翻塔利班的阿富汗战场上已有充分的证明。

当然，今天的间谍活动已不仅仅局限于军事、政治领域，商业经济和科学技术领域中的间谍活动同样是愈演愈烈，换言之，用间这只无形之手正伸向社会生活的各个方面。这就要求我们各行各业的人都应当掌握一些用间和反间谍的基本知识。毫无疑问，学习本篇正是了解这些知识，使自己在人生大舞台上站住脚跟的一条重要途径，即所谓"害人之心不可有，防人之心不可无"。